JLA
図書館実践シリーズ………………③

図書館のための
個人情報保護
ガイドブック

藤倉恵一 著
日本図書館協会図書館の自由委員会 監修

日本図書館協会

A Guidebook of Personal Information Protection for Libraries

図書館のための個人情報保護ガイドブック ／ 藤倉恵一著 ； 日本図書館協会図書館の自由委員会監修. - 東京 ： 日本図書館協会, 2006. - 149p ； 19cm. - （JLA 図書館実践シリーズ ； 3）. - ISBN4-8204-0529-2

t1. トショカン ノ タメノ コジン ジョウホウ ホゴ ガイドブック a1. フジクラ, ケイイチ a2. ニホン トショカン キョウカイ s1. 個人情報保護法 s2. 図書館の自由 ① 010.1

目次

I部　図書館における個人情報保護 …… 7

●1●　はじめに …… 8

●2●　個人情報保護法制と図書館 …… 14
- 2.1　図書館に適用される個人情報保護法令　14
- 2.2　「個人情報」と「個人データ」の扱い方　15
- 2.3　利用者情報としての個人情報　18
- 2.4　資料に含まれる個人情報　21

II部　図書館実務における個人情報保護ガイド …… 27

●1●　カウンターと利用者応対 …… 28
- 1.1　新規利用者の登録　30
  利用者情報の取得／利用者情報の「利用目的」／貸出カード（利用者証）の発行／利用案内／組織構成員の利用者登録／利用者データの登録と参照／利用者情報の照会／登録の後に
- 1.2　貸出　35
  手続き／自動貸出機／図書カードを用いた貸出／貸出の履歴

- 1.3 館内での行動の記録　37
  入退館・施設利用の記録／防犯カメラの記録／行動記録の管理
- 1.4 **レファレンスと相互協力**　40
  レファレンスインタビューの記録／オンライン・レファレンス／文献複写の記録／相互協力／資料のリクエスト記録／レファレンス事例の共有
- 1.5 利用者への連絡　44
  資料の到着通知／督促通知／掲示による連絡／第三者を通じた連絡／柔軟な対応
- 1.6 図書館外・他部署への流出阻止　48
  外部データベースと図書館利用者情報／読書記録・事実についての本人以外からの要求／図書館員外のスタッフ
- 1.7 憲法第35条による令状への対応　50
  法令との関係／利用者の秘密の範囲

●2● 広報　……52

- 2.1 印刷物とホームページ　54
  掲載された個人名と写真／図書館利用の奨励と利用者の秘密／掲載内容の修正
- 2.2 電子メールを用いた広報　56
  配信の事前同意／電子メールの宛先管理／宛先指定の工夫
- 2.3 エントランスでの掲示　58
  「図書館の自由」のアピール／図書館独自の個人情報保護方針のアピール／利用者情報の利用目的の掲示／利用者情報の掲示

●3● 資料に関する個人情報 …………………… 60

- 3.1 **名簿の扱い** 62
  名簿の種類と取り扱い／非公刊の名簿への配慮／生存しない人物を対象にした名簿
- 3.2 **人権・プライバシーを侵害した資料** 64
  自由宣言の例外／提供制限の方法
- 3.3 **発注** 66
  発注者の情報／書店側の「利用目的」／書店側の個人情報利用・第三者提供について
- 3.4 **目録と個人情報** 68
- 3.5 **寄贈・寄託された資料と個人情報** 69

●4● 管理運営と個人情報 …………………… 70

- 4.1 **図書館運営に関わる個人情報** 72
  インハウス情報／取引業者等に関する情報／統計と個人情報
- 4.2 **業務の委託** 74
  委託の定義／図書館における委託／委託先の監督／図書委員
- 4.3 **データの保管と処分** 76
  データの保管／データの処分
- 4.4 **システム担当** 78
  システム担当者の役割／利用者データベースへのアクセス／図書館システムの保守
- 4.5 **ネットワーク** 80
  図書館システムの「安全性」／図書館外にサーバがある場合
- 4.6 **端末** 82
  利用者用端末のログ／業務用端末のセキュリティ／シンクライアント

●5● 心がけるべきこと……85

5.1 個人情報保護のアピール　85
5.2 スタッフの教育・研修　87
5.3 心がまえ　89

資料編……91

図書館の自由に関する宣言　1979年改訂……92
貸出業務へのコンピュータ導入に伴う個人情報の保護に
　関する基準……97
「貸出業務へのコンピュータ導入に伴う個人情報の保護に
　関する基準」についての委員会見解……99
個人情報保護と日本目録規則(NCR)との関係について……101
個人情報の保護に関する法律(抜粋)……104
独立行政法人等の保有する個人情報の保護に関する法律
　(抜粋)……117
東京都個人情報の保護に関する条例(抜粋)……135
参考文献……141

おわりに　143

事項索引　145

第 Ⅰ 部

図書館における個人情報保護

1 はじめに

　2005年4月1日,「個人情報の保護に関する法律」(平成15年法律第57号,以下「個人情報保護法」)が全面施行され,また,各種法人・行政団体等にそれぞれ対応した関連する法律・条例類の施行・制定が相次ぎました。個人情報の取り扱いについてはコンピュータ情報化社会での情報流通,改正住民基本台帳法施行など社会的な背景があり,1999年から検討部会,法制化専門委員会を経て法案化,2003年5月30日に個人情報保護法(基本理念等の一部)が施行されました。

　ここ数年の個人情報をめぐる報道は,話題に事欠きませんでした。たとえばインターネットを通じた会員・顧客情報の漏洩・流出・売買・紛失,クレジットカードやキャッシュカードの盗難・データの抜き取り(スキミング)など個人情報の「不適正な取り扱い」に基づく事件・事故,どこで取引されているかわからない名簿をもとにした架空請求,振り込め詐欺(オレオレ詐欺)など,そして国民ひとりひとりの個人データをオンライン・システムで管理する「住民基本台帳ネットワーク(住基ネット)」の稼働開始も大きなニュースです。

　個人情報の取り扱いに対して社会の大きな関心が寄せられているところに登場したのが個人情報保護法です。ビジネス雑誌・大衆誌などの記事を見てみると,2004年の夏頃までは事件・事故についての報道や対応への批判が多かったのが,

その後は「個人情報保護（法への）対策」といった記事が目立つようになりました。また，個人情報保護（法）の解説書・対策マニュアルの類は同じ時期から急増し，その後1年間で出版点数100冊を超えています。特に法施行の2005年4月前後は新聞記事も含め相当な勢いがありました。

しかし，法施行から半年を過ぎても流出事件，盗難事件，紛失事故などは後を絶ちませんし，架空請求や詐欺も相変わらずの状態です。

図書館界においても残念ながら個人情報保護に関する事件・事故に「他人事」でいることはできませんでした。法施行前の1年の間だけでも，2004年9月の春日井市図書館メールアドレス流出事故（図書館からのお知らせメールの宛先指定が「BCC」ではなく「CC」になってしまい，398件のアドレスが流出した），10月の三重県立図書館利用者データ盗難事件（図書館システム会社のSEが作業のため持ち出した利用者データ約13万件の入ったノートパソコンが盗難に遭った），2005年2月の高槻市立中央図書館利用者登録情報盗難・悪用事件（カウンターの上に置かれていた新規登録利用者89名のリストが盗まれてリスト中の女性宅に図書館団体を名乗る人物から不審な電話があった）といった3件の事件・事故の報道が相次ぎました。

わたし（筆者）自身の話を少しだけします。

わたしは，文教大学越谷図書館に勤務する司書です。この原稿を書いている時点で約9年の業務経験（目録・収書・資料相談・図書館総務）があり，2003年度から日本図書館協会・図書館の自由委員会の末席に参加させていただいています。

わたしの職場である文教大学は私立大学で，学校法人文教大学学園が経営しています。私立学校ですから個人情報保護法の適用対象である「民間事業者」にあたり，当然「個人情報取扱事業者」となります。

　2004年12月末，越谷校舎事務局の全専任職員を対象に「個人情報保護法」についての研修会が催されました。さらに年があけて2月，各課2～3名の実務担当者だけを集め，より踏み込んだ内容の研修があり，わたしも図書館の代表として出席しました。

　その席で，わたしが2回の研修で感じた疑問——図書館の業務における「個人情報の運用」のうち，研修で紹介された「個人情報保護法の適用」によって《不可能になるもの》が出てくるのでは——について講師に確認をしてみました。たとえば大学図書館において日常的な業務である「相互協力（ILL）や紹介状に伴う個人情報のやりとり」や，「図書館システム内に蓄積された利用者データの取り扱い」「利用者名の掲示」など，はっきりしないことがいくつか(いくつも)あったからです。

　図書館界には「図書館の自由に関する宣言」（以下「自由宣言」）があり，「図書館は利用者の秘密を外部に漏らさない」ということを既に実践しています。そこに，いまさらのように「個人情報の適正な取得」「利用目的の特定」「第三者提供の制限」「開示・訂正」「苦情処理」……などといわれても，「ピンとこない」ことがあまりに多かったのです。

　残念ながら，現場の疑問と自由宣言を説明してもそこでは明快な回答を得ることはできませんでした。「図書館には図書館の，それ以外にも業界にそれぞれ応じたやり方がある」

というような，曖昧な返事だけをもらったような記憶があります。正直なところ，明快な返事がなかったことによる，ささやかな失望だけが印象に残っていました。

　その頃，日本図書館協会図書館の自由委員会（わたしが所属する東地区委員会）においても，個人情報保護法について話題になることが増えてきました。日本図書館協会事務局や図書館の自由委員会にも館種を問わずいくつかの疑問・質問が寄せられました。その間，図書館が所蔵する名簿の取り扱いをめぐる新聞報道もありました（後述）。
　それら「個人情報保護」についての委員会での議論を通じて，わたしが感じていた疑問のいくつかも氷解するけはいを見せ始めました。
　いまにして思えば，講師の回答の趣旨がもし「図書館にはこれまでやってきた図書館のやり方があるのだったら，その趣旨を法に照らしてみよ」というものだったのだとしたら，それは実に正鵠を射た発言だったように思います。
　そして『図書館雑誌』2005年6月号の「こらむ図書館の自由」にわたしが書いたのは，「図書館のやり方」というものが確かに存在するのだ，という意思表示でもありました。

　……図書館員のみなさん，まずは落ち着いてみよう。
　テレビやWebでは毎日のように漏洩事件が報じられているし，新聞や雑誌の記事に煽り立てられているのか，なにか世の中全体が妙に過熱しているのではないかという気がしてくる。だが「利用者の秘密を守る」「知る自由を保障する」という図書館の自由に関する宣言に立ち返れば，

図書館は慌てる必要はないはずだ。
(『図書館雑誌』99巻6号　こらむ図書館の自由　藤倉恵一「慎重に, そして冷静に～個人情報保護と図書館」より)

　そう,「慌てる必要」は確かになかったのです。その後, 同年の『図書館雑誌』8月号特集「個人情報保護と図書館」にも「いまあらためて『図書館の自由』－個人情報保護と自由宣言」を載せる機会をいただき, 文字数に制限のあった「こらむ」を補った上でいま少し詳しい説明をすることができました。
　しかし, 具体的な図書館でのサービス場面でどのように対応したらよいか, あるいは報道された名簿の扱いなどについてはどのように判断すればよいか, それらを求める声は依然として強く寄せられていました。実際に講演会・研修会の講師などを務めるたび, どの会でも「こういう場合はどうしたら……」とか「こういうことは法的に問題ではないのか？」といったような質問が多く寄せられます。

　そこで今回, 図書館業務上のさまざまな場面であらわれる個人情報の取り扱いとその注意点, 自由宣言とのかかわり, 法的な留意事項などについて「おおよそのガイドライン」として一冊にまとめることにしました。
　本書は「マニュアル」でもなければ「望ましい指針」でもありませんし, 日本図書館協会の「見解」でもありません。あくまで「ガイドブック」であり, 本書では考えられる対応策のひとつを示しているに過ぎませんから, 館内でそれぞれの業務に携わるスタッフが本書を「たたき台」として, 自館

のためのマニュアルへと昇華させていただきたいと思っています。

　最後に，本書に示すガイドラインの根底にあるのは「図書館の自由に関する宣言　1979 年改訂」です。図書館の自由については，2004 年 3 月に刊行された『「図書館の自由に関する宣言　1979 年改訂」解説』第 2 版（日本図書館協会図書館の自由委員会編）も併せてぜひお読みいただきたいと思います。

2005 年 11 月
藤倉　恵一

2 個人情報保護法制と図書館

2.1 図書館に適用される個人情報保護法令

「はじめに」で述べたように社会一般において話題となっているのは「個人情報の保護に関する法律」(個人情報保護法)ですが，個人情報保護法はその第1章～第3章が個人情報についての基本法であるいっぽう，第4章以降は「民間事業者」を対象としている法律です。

つまり図書館でいえば私立学校に属する図書館（大学・学校図書館）や民間団体の図書室などが相当し，「すべての図書館」が対象になるというわけではありません。

公共図書館であればそれぞれが属する地方公共団体が定める個人情報保護条例(たとえば「○○県個人情報保護条例」「○○市個人情報保護に関する条例」など)が適用されます。設置母体となる自治体が個人情報保護条例を制定していない場合は適用される法令が存在しないことになりますが，他の自治体の公共図書館における個人情報保護と区別する必要はないでしょう。

大学図書館の場合，私立大学は前述したとおり個人情報保護法の対象となりますが，国立大学や法人化した公立大学の図書館であれば「独立行政法人等が保有する個人情報の保護に関する法律」（平成15年法律第59号）が，法人化していな

い公立大学の場合は設置母体の自治体の条例がそれぞれ適用されますし,学校図書館の場合も,これにほぼ準じています。

専門図書館の場合はその設置母体により適用される法令は変わりますが,考え方としてはその設置母体が適用対象となる個人情報保護法令のいずれか,ということについては上に述べたことと大きく変わりはありません。たとえば行政機関に属する図書館(室)であれば「行政機関の保有する個人情報の保護に関する法律」(平成15年法律第58号)が適用されることになります[1]。

細かな部分についてはそれぞれ適用される法令は異なりますが,個人情報を保護することについての基本的な考え方は基本法部分である個人情報保護法の「第1章 総則」に謳われています。

本書では特に強調する場合や区別する必要がある場合を除いて「個人情報保護法」を単に「保護法」と,保護法および関連法令を包括して「個人情報保護制度」あるいは「個人情報保護法制」とひとつの枠組みとして扱うことにします。

2.2 「個人情報」と「個人データ」の扱い方

これら個人情報保護法制の適用関係を押さえておかなくてはいけないのは,「個人情報」「個人データ」の取り扱いの方法が法令それぞれで異なっている箇所があるからです。本書でこれから示していく場面ごとのガイドラインは,原則としてどの館種でもほぼ同じ基準で対応できるように考えていますが,ガイドラインで示していないことについて個人情報の取り扱い方法を検討する場合,適用される法令がはっきりわ

かっていないと，誤った対応をしてしまうことがあります。

さて，個人情報保護法制で定義されているのは図書館に限らず企業をはじめとする民間団体，行政機関・法人，自治体などそれぞれにおける「個人情報」の扱いですから，図書館にあてはめて考えるときにはまず前提となる定義をしておく必要があります。

個人情報保護法制で定義される「個人情報」とは，氏名，住所，生年月日，メールアドレスなど「(存命の)特定の個人を識別できる情報」のことです。また，IDや顧客番号，学籍番号のような文字・数字の組み合わせによる記号は単独では個人情報ではありませんが，その他の情報（名簿やリスト）と照合することによって個人名などが特定できるものであれば，それは個人情報になります。また，容姿や声，指紋，遺伝子情報なども個人情報です（より個人を特定しやすい）。

もうひとつ，保護法の用語として「個人データ」ということばがあります。「個人データ」とは個人情報を検索可能な状態で集積した「個人情報データベース等」を構成するデータです。「データベース」という語からは電子的なものを想像しがちですが，個人情報保護法第2条第2項の定義では「特定の個人情報を電子計算機を用いて検索することができるように体系的に構成したもの」のほかに「特定の個人情報を容易に検索できるように体系的に構成したもの」としています。そして，半年以上保有する個人データであればそれは「保有個人データ」と定義されます。これは民間部門を対象にした個人情報保護法の話であり，公的部門（独立行政法人等や地方公共団体）では個々のデータを「個人情報ファイル」と位

置づけていますが，要件はほとんど「個人データ」と変わりません。そして，役員または職員が職務上作成・取得した個人情報または法人文書に記録されている，組織的に利用するため保有しているものと「個人情報ファイル」をあわせて「保有個人情報」と定義しています。

　ここでいう「容易に検索できる」とは字順・音順などで排列されたものも含みますから，冊子体などであっても一定の規則で排列されているものであれば，それは「個人情報データベース等」となります。極端な話をすれば，名刺の束があったとして，ただ受け取った順番など適当な順番で箱や名刺入れに入っているだけだったらそれは「個人情報」のただの集合物でしかありませんが，名刺が会社名順や氏名順などで並べられていて，すぐに目的の名刺が探し出せるようになっていたとしたらそれは保護法でいうところの「個人情報データベース等」ですし，1枚1枚の名刺は「個人データ」と定義されます。もちろん，携帯電話のメモリーに登録されている電話帳も「個人情報データベース等」ですし，電子メールソフトのアドレス帳にアドレスと氏名を組み合わせて情報を入力していればそれも「個人情報データベース等」です。

　条文をよく読めばわかりますが，個人情報保護法制で定められている取り扱いに注意を払う義務が発生する対象のほとんどは実は民間部門における「保有個人データ（および個人データ）」または公的部門における「保有個人情報（および個人情報ファイル）」です。つまり単にメモや単票のかたちで存在する個人情報を書き込んだ「もの」の扱いは，個人情報保護法の定義上は「ただの」個人情報であり，安全管理措置も，委託先の監督責任も，第三者提供の制限も及びません。

2.3 利用者情報としての個人情報

　これらを図書館の現場に置き換えてみると，図書館を利用する際に登録させている情報には数多くの「個人情報」が含まれています。氏名，住所，電話番号，メールアドレス，連絡先などがまず挙げられます。また，会社名や学校名それ自体は個人情報にはなりませんが，個人の氏名と同じ「利用者情報」の中に含まれていることによって，「〇〇社に勤めるＡ氏」「〇〇大学に通うＢさん」のように，その利用者を特定する情報になってしまいます。

　そして，図書館が利用者情報を整えてシステムに登録すれば，それは図書館システムという「個人情報データベース等」を構成する「個人データ」となり，通常は半年以上保有されるものですから「保有個人データ」となります。公的部門であれば「個人情報ファイル」となり，職務上取得したものですから「保有個人情報」と位置づけられます。

　つまり，利用者情報には安全管理のために必要かつ適切な措置を講じなくてはならないし，そのために従業者や委託先の監督をしなくてはいけません。また，本人の同意を得ないで第三者に提供してはいけないし，本人の申し出があれば開示や訂正に応じなくてはいけない，というようになります。

　では，検索可能な状態にない利用者に関する情報——先述したような未整理のメモや単票の類，あるいは防犯カメラの記録や連絡の掲示は「個人データ」や「保有個人情報」でないからどう判断すればよいのでしょうか。

　図書館にはご承知のように「図書館の自由に関する宣言1979年改訂」があります。自由宣言の成立の趣旨や全体的

な役割については多くの文献がありますからそちらを参照していただくとして，ここでは個人情報保護に直接関係のある部分だけをとりあげます。

第3　図書館は利用者の秘密を守る。
1　読者が何を読むかはその人のプライバシーに属することであり，図書館は，利用者の読書事実を外部に漏らさない。ただし，憲法第35条にもとづく令状を確認した場合は例外とする。
2　図書館は，読書記録以外の図書館の利用事実に関しても，利用者のプライバシーを侵さない。
3　利用者の読書事実，利用事実は，図書館が業務上知り得た秘密であって，図書館活動に従事するすべての人びとは，この秘密を守らなければならない。

ここでいう「利用者の秘密」とは，具体的には利用者の「読書事実」「図書館の利用事実」という「その人のプライバシーに属すること」と定義されるものがこれにあたります。

宣言の解説第2版[2]によれば，個人が図書館を利用することで図書館が知りうる事実について，
(1) 利用者の氏名，住所，勤務先，在学校名，職業，家族構成など
(2) いつ来館（施設を利用）したかという行動記録，利用頻度
(3) 何を読んだかという読書事実，リクエストおよびレファレンス記録
(4) 読書傾向

(5) 複写物入手の事実

などが挙げられています。

　このうち(1)は「個人情報」であり往々にして「個人データ」になっていますが、他の情報はほとんどがプライバシーに属するものであり、法的にはすべての項目について保護の義務が生じているものでは必ずしもありません。

　しかし、だからといって図書館がこれらを他者に明かすということはありえません。自由宣言自体は日本図書館協会という団体の宣言であって法的強制力や拘束力のあるものではありませんが、船橋市西図書館蔵書廃棄事件に関する最高裁判決（2005年7月14日）および差戻し後の東京高裁判決（同11月24日）の判決理由で自由宣言の趣旨が採り上げられるなど、図書館での実践は一定の位置づけをなされているといってよいでしょう。

　さて、図書館は自由宣言に則って「利用者の秘密」を保護しています。「利用者の秘密」には「個人情報」「個人データ」が含まれていますから、図書館は既に個人情報・個人データを保護していることになります。

　利用者情報を取り扱う上での法的な解釈を含む留意事項や対応方法については第Ⅱ部で解説しますが、基本的には個人情報保護法制は自由宣言と矛盾することなく、また、新しい制限・制約を図書館にもたらすものではないといえます。

2.4 資料に含まれる個人情報

　もうひとつ，図書館が取り扱う個人情報には「図書館が所蔵し，提供する資料に含まれている個人情報」があります。そもそも図書や論文にはそれぞれその著者がいて，標題紙や図書の背表紙などにはその著者名が記されています。「著者紹介」として生年や略歴，著者によっては自宅の住所やメールアドレスを載せている人もいます。ノンフィクションの題材として実在する個人を取材したものもありますし，評論や研究なども多々存在します。もちろん，それらの情報は人物を特定することができる情報ですから，存命の人物であれば「個人情報」と定義されます。

　また，人名事典，紳士録，学会員名簿，卒業アルバムや同窓会名簿，電話帳などいわゆる名簿の類はそのほとんどが氏名順に並べられているか，索引などによりすぐ目的の個人情報が参照できるようになっており，前述したとおり「個人情報データベース等」と位置づけられる資料です。

　そして図書館では所蔵する資料について，目録を作成しています。目録カード，特に著者名目録の場合は著者を容易に検索することができますから「個人情報データベース等」「個人情報ファイル」ということができますし，OPACの場合はなおさらです。著者や人物件名に記録された個人が存命の場合は個人情報に相当しますし，著者標目については同定のために生年や職業などを記録するということについて目録規則で定められています[3]。

　図書館が，図書館にある資料を「著者名」「人物件名」と

いう手がかりをもとに容易に検索できるように整えるのは当然のことです。目録が「個人情報データベース等」であるのと同時に，広い意味においては図書館という機関（仕組み）そのものが巨大な「個人情報データベース等」であるということもできるでしょう。

では，著者名や資料に記録された人物名が「個人情報」であり，それらが容易に検索できる「個人データ」であるならば，それらの取り扱いは個人情報保護法制が定める条文の適用を受けるかどうか。

基本的には「ノー」です。たとえば個人情報保護法においては第50条において適用除外が定義されています。

> 第50条　個人情報取扱事業者のうち次の各号に掲げる者については，その個人情報を取り扱う目的の全部又は一部がそれぞれ当該各号に規定する目的であるときは，前章の規定は，適用しない。
> 三　大学その他の学術研究を目的とする機関若しくは団体又はそれらに属する者　学術研究の用に供する目的

私立学校であれば大学はもちろん高校などであっても，この延長上にあると解釈しておおむねよいでしょう。

国立大学や法人化された公立大学の図書館であれば，「独立行政法人等の保有する個人情報の保護に関する法律」の第9条第2項第4号で利用制限の例外として，学術研究の用に供する場合を謳っています。

> 四　前三号に掲げる場合のほか，専ら統計の作成又は学

術研究の目的のために保有個人情報を提供するとき，本人以外の者に提供することが明らかに本人の利益になるとき，その他保有個人情報を提供することについて特別の理由のあるとき。

　地方公共団体についてはもっとわかりやすく，はっきりと条文の中に「〇〇市が設置する図書館その他これに類する市の施設において市民の利用に供することを目的として収集し，整理し，又は保存している図書，資料，刊行物等に記録されている個人情報」については，適用を除外するというような条項を設けているものが少なくありません。ただし，条例によってはこういった適用除外について触れていないものもありますし，地方公共団体の個人情報保護条例の制定率は2005年4月1日現在で98.0％とまだ完全ではありません。が，条文が存在しない，あるいは条例自体が存在しないとしても，意図するところは同じであると解釈してよいでしょう。

　なにより，図書館という機関の存在は「図書館法」「学校図書館法」「大学設置基準」などでそれぞれ法的に定められたものであって，そこにおける資料の収集提供は義務づけられたものであるといっても過言ではありません。一般論として，図書館が図書館の機能を果たすために所蔵（保有）する資料に含まれた「個人情報」については個人情報保護法制の適用は及ばないと考えるのが自然でしょう。

　図書館が所蔵する名簿について話題となったのは2005年4月，金沢市立玉川図書館所蔵の明治〜大正期受刑者名簿の取り扱い（新聞記者の指摘を受けOPACから削除，今後の利用を禁止）をめぐる新聞報道の直後でした。

これについては、報道の直後に日本図書館協会から個人情報保護法を所管する内閣府個人情報保護推進室に問い合わせを行い、その回答の要旨が「JLA メールマガジン」第 251 号（2005 年 4 月 20 日発信）に掲載されました（『図書館雑誌』2005 年 6 月号「NEWS」欄に再録、巻末文献 13）。回答部分を引用します。

　法の対象は、民間団体が収集保存している個人情報であって、図書館などが所蔵し提供している資料は対象とならない。図書館が個人情報を含む資料を利用者に提供することは、書店が本を販売することと同じ行為であり、一般的にそのこと自体、この法律は直接対象としない。その資料に問題があるとすれば、それを出版した者がまず問われることになる。一部新聞記事に、図書館が問題のある名簿を提供することが処罰の対象となるような記事があったが、これら前提条件を欠いたものである。

冒頭の文は「個人情報保護法」についてのものですから、公共図書館は法の適用対象外であることも示しています。その後の文章については、噛みしめてみると、資料に含まれている個人情報については出版した者に責任がある、と読み替えることができます。いわれてみれば当たり前のような話ではあるのですが、図書館にとって大きな「安心材料」になったといえるでしょう。

いっぽう、図書館がこれまでよりどころとしてきた自由宣言にも、以下の宣言があります。

第2　図書館は資料提供の自由を有する。
　1　国民の知る自由を保障するため,すべての図書館資料は,原則として国民の自由な利用に供されるべきである。
　　図書館は,正当な理由がないかぎり,ある種の資料を特別扱いしたり,資料の内容に手を加えたり,書架から撤去したり,廃棄したりはしない。
　　提供の自由は,次の場合にかぎって制限されることがある。これらの制限は,極力限定して適用し,時期を経て再検討されるべきものである。
　(1)　人権またはプライバシーを侵害するもの。
　(2)　わいせつ出版物であるとの判決が確定したもの。
　(3)　寄贈または寄託資料のうち,寄贈者または寄託者が公開を否とする非公刊資料。
　2　図書館は,将来にわたる利用に備えるため,資料を保存する責任を負う。図書館の保存する資料は,一時的な社会的要請,個人・組織・団体からの圧力や干渉によって廃棄されることはない。

　図書館が利用者に資料を提供することは機能である以前に,図書館にとって義務に等しいのです。個人情報保護法制に適用除外の条文があるないにかかわらず,図書館が図書館としての責務を果たすために資料を提供することについては,個人情報保護法制に優先されるものがあるということになります。
　もうひとつ,個人情報保護法制に共通しているのはその法制の基本理念として「個人情報の利用が著しく拡大していることにかんがみ,個人情報の適正な取扱いに関し」定められ

たものであり，そして「個人情報の有用性に配慮しつつ，個人の権利利益を保護すること」（個人情報保護法第1条より）を目的としていることです。むやみやたらと「保護」するわけではなく有用性については配慮することも法令の目的に含まれているのですから，国民の知る自由，つまり権利を保障することを目的とした自由宣言に則って資料を提供することは保護法制と矛盾することはないわけです。

いま述べたふたつの大きなポイントは，図書館で個人情報を扱う上で「これまでと原則的には変わるところがない」ということです。しかし，「はじめに」で述べたように図書館界でも個人情報の流出事件・事故が発生していますし，細かい現場の対応のひとつひとつには「原則」だけでは判断しかねる点がいくつもあります。

ここからは，現場の対応について解説していきたいと思います。

注
1) これら個人情報保護法制および各種の図書館との関係については新保「図書館と個人情報保護法」（参考文献4）に詳しい。
2) 『「図書館の自由に関する宣言1979年改訂」解説』第2版（参考文献1）p.35より。
3) 『日本目録規則』1987年版改訂2版　第23章・著者標目より。ただし（判明するかぎり）すべての人名に生没年等を付記することについては任意規定（23.2.1.3）。

第  部

図書館実務における個人情報保護ガイド

1 カウンターと利用者応対

　図書館のカウンターは,利用者との応対の場です。
　図書館にやってきた利用者の情報を登録し,貸出を実施し,レファレンスに応じる場所です。利用者にとって図書館の顔であり図書館の最前線ですが,そこでは個人情報が飛び交っています。
　図書館が扱う情報は法令で定められた「個人情報」の範囲を超えて,登録情報に含まれたプライバシー,利用した資料や資料相談を通じて趣味嗜好や思想に結びつくような動向にまで及びます。利用登録するために申請書に個人情報を書き込むことにはじまり,図書館資料を借りるという行為を通じて自分の趣味・嗜好・内心を図書館に預けている利用者に対して,図書館はその秘密を守るというかたちで責任を果たす必要があるのです。

　利用者との応対や距離感は公共図書館,学校図書館,大学図書館,専門図書館それぞれで異なります。学校図書館やいわゆる「常連」利用者であれば貸出やレファレンスの業務の合間に世間話などが発生する余地もあります。しかし,「個人情報だから」「利用者の秘密だから」とむやみに情報を隠したり,必要以上に声をひそめたり,ごく一般的・常識的な質問に答えなかったりなど杓子定規に対応することは,逆に

利用者に不信感や不満を与えることになります。ケース・バイ・ケースで対応する，特に周囲の状況や利用者との距離感を考え，柔軟に対応するようにしましょう。

　いっぽうで，データとして抱えている個人情報は，保護法制で保護が義務づけられている「保有個人データ（および個人データ）」「保有個人情報（および個人情報ファイル）」です。その取り扱いについては，法令で定められているとおりの運用をしなくてはなりません。第Ⅰ部で述べたように自由宣言の応用でその大部分をカバーすることができますが，留意点がいくつか存在します。

1.1 新規利用者の登録

　図書館にはじめてやって来た人を「図書館利用者」として登録するために「利用申込書」や「登録申請書」などに必要事項を記入してもらうことから，利用者情報の取り扱いは始まります。いうまでもなく「個人情報の取得」ですから，個人情報保護法制に基づいて相応の配慮をする必要があります。

　そして，登録申請された利用者の情報を図書館システムに利用者データとして投入した瞬間からそれは「個人データ」「個人ファイル」となり，法的な義務や注意事項が生じることになります。

○利用者情報の取得

　一般的に，図書館の利用者として登録するときには「利用申込書」や「登録申請書」を用います。登録するために必要な情報はここから得ることになりますが，そのときに大事なポイントとして「利用目的の特定」があります。館種にかかわらず（適用法令にかかわらず），個人情報を直接取得するときはあらかじめ利用目的を利用者に明示しておかなくてはなりません。しかし，「図書館利用の申し込みのために必要な個人情報の取得」ということはその状況からして明らかです。この場合，たとえば個人情報保護法では第18条第4項で，独立行政法人等個人情報保護法では第4条で，それぞれ「取得の状況からみて利用目的が明らかである」ことから，わざわざ「図書館利用のために使用します」などのような目的を示す必要はありません。

○利用者情報の「利用目的」

　個人情報の利用の目的については「できる限り特定」しなくてはなりません。「図書館利用のために必要な情報」であることは明らかですが，では具体的にどこまでが「図書館利用」か，ということについては意見が分かれるところでしょう。

　まず図書館サービスの大前提である「貸出・返却」および（必要ならば）「入退館」までは明らかに「図書館利用」に含まれます。「督促」については図書館の運用上必要な業務ですから，これも「利用」に含んでよいでしょう。

　また「資料の到着通知」については，本人が必要として予約・リクエストを行うわけですから，このために利用者情報を使用することは利用者情報の取得とは別に考えてもよいかもしれません（44ページ参照）。

　しかし，図書館からの広報や特定利用者宛でない連絡（たとえば休館のお知らせや新サービスの案内など）に用いることは，「図書館利用のため」という目的だけでは曖昧に過ぎます。こういう場合は，利用登録時に「この連絡先に図書館からのお知らせをお送りします（することがあります）」などと明示しておくか，新たにサービスを始めるのであれば，あらためて本人の同意を得なければなりません（56ページ参照）。

　いっぽう落し物拾得の連絡や急病の発生その他必要な場合に（本人や家族に）連絡を取る場合に利用者情報を利用することは，「図書館利用」という利用目的の範囲を超えています。が，これらの場合については利用目的特定の例外として設けられている「人の生命，身体又は財産の保護のために必要がある場合」に位置づけられることが少なくありません。

1　カウンターと利用者応対

○貸出カード（利用者証）の発行

　図書館の貸出カード（利用者証）を発行する際には，そのカードを見ることによって個人情報が一目瞭然になるようなつくり（住所などの印字）は極力避けたほうがよいでしょう。また，既存のカード類と図書館カードを兼ねるような場合（住民基本カードや学生証，社員証など）においては，図書館の利用情報（利用の事実，入退館の記録，貸出の記録その他）が他のデータベースとリンクしないよう気をつけなくてはいけません（48ページ参照）。

○利用案内

　利用案内など登録時に渡す資料には，その図書館における個人情報保護方針（ポリシー）を掲載することで，利用者を安心させることができます（85ページ参照）。利用者情報の取り扱いについて同意を得ておくのはこの「申請」のタイミングがもっとも適当ですから，取得した情報の利用目的と目的外使用はしないこと，そして（自由宣言の趣旨のもと）プライバシーを保護することを明記しておくとよいでしょう。

　また，資料到着の通知や督促などで利用者に連絡をとるのがどういう時かを示しておくことで，登録時に提供した情報がどのように利用されるかを通知することにもつながります。

○組織構成員の利用者登録

　学校図書館における児童・生徒および教職員，大学図書館における学生，教職員，企業の図書館・室における従業員の利用については，組織に属することで図書館利用が自動的に可能になるのが一般的です。そのために必要なデータは通常

独自に作成・入力するよりも,そのデータ管理部署(教務関係部署や人事関係部署)から一括して入手し図書館システムに登録するのが一般的です(特に学校・大学の場合)。

ここで大事なのは,「入学(入社)時に提出した個人情報が,図書館利用という目的でも使用される」ことが正しく伝わっているか,という点です。これは図書館単独の問題ではなく,入学関係部署や学籍管理部署,人事管理部署等が情報を取得する際に正しく「利用目的」の一項として明示・公表しているかを確認しておく必要があるでしょう。

その取り扱いについては,直接取得したものとなんら変わることはありません。構成員であるからといって本人の同意なく目的外の使用をすることはできませんから,前述したような「図書館利用」の範囲を超えて利用されるような場合は,あらためて本人の同意を得なければなりません。

〇利用者データの登録と参照

ほとんどの図書館の場合,利用者データは図書館システムで管理されていると思いますが,利用者情報を蓄積したデータベースにアクセス(入力,検索,閲覧および情報の出力)できるスタッフは限定しておいたほうがよいでしょう。可能であれば,パスワードで保護しておくのが安全です(78ページ参照)。

また,利用者データベースの画面が利用者から見えないように配慮する必要がありますし,利用者データベースにアクセスできる端末は利用者の手の届く範囲に置くべきではありません。また,端末から出力する帳票類のプリンターも利用者の手の届く場所から遠ざけるべきでしょう。

○利用者情報の照会

　登録利用者の登録内容を照会したり，補足的に情報を取得したりするために外部のデータベースを使用する場合，その使用が外部データベースの「利用目的」に則しているかを確認する必要があります。

　たとえば，公共図書館ではもっとも確実な本人照合の手段として住民基本台帳がありますが，図書館利用登録のために本人確認をするという利用目的は住基ネットの趣旨とは外れています。

　また，大学・学校図書館において卒業生であることを確認するために在学（在校）記録などを利用する場合は，その管理機関（部局や同窓会事務局など）に相談しておいたほうがよいでしょう。同窓会等の名簿・記録を図書館利用者データとして照会・流用することがあるのであれば，そのことは同窓会の個人情報の利用目的に含まれていなくてはなりません。

　外部データベースから得られた情報を利用者情報に付け加えて用いることは，そのデータベースのデータ収集時に同意を得ていたものでない限り「不正な手段による入手」と見なされる場合があります。

○登録の後に

　図書館システムに利用者データを投入した後，利用者に記入してもらった登録原票（利用申請書など）は不要であれば処分したほうがよいでしょう。保存をするのであれば，しかるべき保存期限を定めた上で，セキュリティの保てる場所に置く必要があります（76ページ参照）。

1.2 貸出

貸出の記録(読書の秘密)はプライバシー情報です。図書館においては利用者情報と同様に貸出に関する情報も厳重に保護する必要があります。

図書館の基本ですから,これまでも手続きが第三者には見えないようにする,資料名を読み上げないようにするなどというのはどこでも行われることでしたが,図書館業務の機械化などの要因で留意すべき事柄は少しずつ変容しています。

○手続き

貸出処理の際は,利用者と,直接応対する図書館員以外の第三者には極力その情報が漏れないよう注意を払う必要があります。

コンピュータを使った貸出の場合,たとえば後ろに並んでいる利用者が表示内容を見ることがないよう,注意してディスプレイを置きましょう。また,利用中の資料について尋ねられたときも書名を読み上げることはせず,画面を指すなり帳票を出力するなり,工夫したほうがよいでしょう。

また,より注意が必要なのは,出力される貸出期限票(レシート)に氏名などの個人情報が極力出力されないように設定することです。

○自動貸出機

自動貸出機を使用している場合には,まず他の利用者に利用状況が覗き込まれないような配慮が必要です。設置位置などで覗き込みへの対応が難しい場合は,画面に正面以外から

の覗き見を防止するような覆いやフィルターをつけることで対応できるでしょう。

○図書カードを用いた貸出

　図書館業務の機械化・システム化によりニューアーク式のカードを用いた貸出は減少してきていますが，学校図書館や専門図書館などで図書カードを利用している場合は記載された個人情報やプライバシーが保護されるように十分注意を払わなくてはいけません。

　特に学校図書館における生徒の図書委員などにとっては，もっとも頻繁に触れられる情報ですから，その取り扱いについては十分に指導し，また監督する必要があります（75 ページ参照）。

○貸出の履歴

　システム内部に蓄積された貸出の記録については，可能な限りすみやかに消去するのがよいでしょう。統計や特定資料の貸出回数調査などに貸出記録を用いる場合は，たとえば利用者番号や利用者氏名に該当するデータを削除するとか，「〇〇学部〇年」などのような本人を特定しないデータに置き換えることでプライバシーの保護につながります。

　貸出記録は，「利用者の秘密」の中でももっとも重い意味を持っています。犯罪捜査等の必要があっても憲法第 35 条に基づく令状の提示がない限りは提示すべきではありません（50 ページ参照）。

1.3 館内での行動の記録

　館内での行動記録もまた図書館が守るべき「利用者の秘密」に相当します。入退館・入室管理システムの履歴や防犯カメラの映像など図書館施設・設備の利用記録は個人情報・プライバシー情報であり，これらは貸出記録と同様に図書館の利用頻度や行動の記録を証明するものとなります。

○入退館・施設利用の記録

　図書館入退館に際してゲート等で個人認証を行っている図書館の場合，その記録は管理システムに蓄積されていきます。大学図書館の書庫や資料室などで入室管理をしている場合も同様です。また，専門図書館などで利用者名を記帳させている図書館では，より直接的に個人情報の取得が行われます。

　入退館管理システムには通常，利用者番号（ID），名称，区分コード，入退館時刻などが記録されます。たいていは図書館システムの利用者データベースに入力された利用者情報を流用したり，連動させたりするのが一般的ですが，入退館管理システムは資料名などと無関係なので,その記録（ログ）の扱いは貸出関係のシステム内のそれに比べてやや軽視される傾向があります。入退館管理システムへの利用者データやログの保守などもやはり可能な限り，限られたスタッフが行うべきでしょう。

　電子的な記録でなく筆記による記録の場合は，前後の利用者がわからないようノートなどではなく単票にし，ポスト状の箱に入れさせるなどして管理するとよいでしょう。また，別の媒体に転記・集計などして不要になった場合は，速やか

に原票は処分するとよいでしょう。原票を保存するならしかるべき保存年限を定め，セキュリティの保てる場所に置く必要があります（76ページ参照）。

館内展示などのいわゆる「芳名帳」については趣旨が若干異なりますが，記入が任意であって，それが芳名帳であると明らかになっているのであれば事細かに「利用目的」などを謳うのは堅苦しい印象を強めるだけです。しかし，そこで取得した情報を保管以外の目的で使うのであればその利用目的は明らかにしておかなくてはなりません。

○防犯カメラの記録

図書館における防犯カメラ（あるいは「監視カメラ」）の設置には賛否さまざまな意見がありますが，カメラで撮影されたものもまた明らかな個人情報であり，撮影された行動はプライバシーです。個人情報を取得しているのですから，防犯カメラを設置していることを利用者に伝える必要があります。

たとえ記録の（一時的な）保存を目的としないカメラでも，黙って撮影することは利用者の不信につながりかねません。防犯カメラを設置していることをどこかに明示しておく必要があるでしょう（59ページ参照）。この場合，目立つところに「防犯カメラ設置」と掲げることで，撮影（取得）した個人情報の利用目的（防犯）と取得内容（カメラによる容姿の撮影）を明示することができます。

いわゆるダミーカメラ（本物のカメラと同様の形状を持っているが撮影の機能を持たず心理的に抑止力を持たせたもの）や非稼働のカメラ（経済的な事情あるいは機器構成上の必要によって，常時あるいは定期的に撮影を休止するカメラ）に

ついても同様です。個人情報を取得していないのですから表示の義務はありませんが，表示の有無によって稼働しているカメラとダミーカメラとの差別化をはかることでダミーの効果を減じてしまうこともないとはいえません。

なお，防犯カメラの映像記録は個人情報を「容易に検索することができるように体系的に」構成されたものではありませんから，「個人情報データベース等」には相当しません。法的な義務（安全管理措置や第三者提供の制限，開示・訂正）などは「個人データ」「個人ファイル」と異なり生じないものもありますが，倫理上の問題として，そして利用者の秘密であることを尊重して，扱うスタッフを限定し，保管も厳重かつ慎重であるべきでしょう。

○行動記録の管理

入退館やカメラの記録は図書館利用の証明にあたります。これらは貸出記録などと同様に図書館が守るべき「利用者の秘密」に相当しますから，情報の蓄積期間は最低限必要な限度にとどめ，扱うスタッフを限定する必要があるでしょう。

個人情報保護法制では取得した個人情報の目的外利用の例外として，捜査機関に情報を提供することが「国の機関又は地方公共団体が法令の定める事務を遂行することに対して協力する必要がある場合」（保護法第18条の例）と位置づけられますが，これらが「利用者の秘密」である以上，自由宣言で謳っているように憲法第35条に基づく令状の提示がない限りは提示すべきではありません（50ページ参照）。

1.4 レファレンスと相互協力

　レファレンス（参考調査，利用相談）は貸出以上に利用者のプライバシーにかかわっている場合がしばしばあります。担当するスタッフは「貸出記録と同じくらい重要なものを扱っている」という認識が必要でしょう。

　また，自館で解決できなかったレファレンスや資料に対する要求を他機関との連携で解決する図書館間相互協力業務（ILL）には，しばしば個人情報が付帯します。

○レファレンスインタビューの記録

　レファレンスの多くは，利用者が「何を目的として」その資料を必要としているのかが提供のカギとなることがあります。その「目的」にはプライバシーが含まれていることがしばしばあります。利用者本人が周囲に相談内容を聞こえるのを好まない場合もあるかもしれませんし，また，スタッフ同士の引継ぎを行う際にも声量や個人名などに注意を払う必要があります。

　レファレンス内容を記録した帳票・メモの類も取り扱いには注意が必要です。たとえば追跡調査中に他の利用者が相談に来たようなとき，カウンター上の利用者から見える位置にそれらの帳票やメモが置かれたままになっているのは望ましくありません。それらの帳票やメモは体系的に整えられていなければ「ただの個人情報」ですが，プライバシー情報を含んでいることがしばしばあります。

○オンライン・レファレンス

　近年は，電子メールやホームページのフォームなどを利用して非来館レファレンスに対応することも少なくなくなってきました。

　個人情報・プライバシーや利用者の秘密を保護する上で注意を払う必要があるのは，メールを他者に転送したり印刷したりするときに，無関係な第三者に内容が漏れないよう操作を注意するという事柄があるほかは，通常のレファレンスと大きく変わることはありません（56ページ参照）。

○文献複写の記録

　図書館内で図書館資料を複製するときには，著作権法第31条の要件を満たしているか審査・確認するための記録をするのが一般的です。その記録もまた個人情報の蓄積であり，同時に本人の利用した資料を特定する重要な記録となります。

　多くの場合は筆記による申請書になるでしょうが，統計のための記録の蓄積にあたっては別の媒体に転記するか，散逸することがないよう保管方法を厳重にするか，いずれにしても慎重な対応が求められますし，取得する（記入を求める）項目は精査しなくてはなりません。

　審査や転記が済んで保管が不要になった場合は，適正に廃棄する必要があるのはいうまでもありません（76ページ参照）。

○相互協力

　自館で解決できなかったレファレンスを他機関に依頼するとき，そこに利用者の個人情報やプライバシーが含まれる場

合は，利用者本人の同意を得ておく必要があります。

　大学図書館や専門図書館などを直接利用するために「紹介状」を発行するときは，利用者を「紹介」するのですから，必要とする資料のほかに利用者の個人情報を相手館に伝える必要が生じます。

　また，国立情報学研究所（NII）が提供するILL環境「NACSIS-ILL」では，文献複写や相互貸借の申込者氏名等の情報が相手館に伝わる仕組みになっています（複写の場合著作権法第31条がかかわることですから，申込者の名前が明らかになっている必要があるのです）。

　これらは個人情報保護法でいうところの「第三者提供」にあたります。公的部門を対象とした保護法制では「目的外利用／提供の制限」と位置づけられています。いずれの場合も本人の同意なく提供できるものではないのですが，この場合，利用者には先方の図書館に情報が伝わる旨を明示しておけば自館としての責任は果たしたことになります。紹介状については先方の図書館を利用する上で個人情報が（必然的に）必要となることは自明といってよいでしょうし，文献複写や借用依頼については著作権に関する責任とも連動します。

　逆に受付館側としては新たに得る利用者情報ですから，本来の自館の利用者情報と同じように適正に取り扱えば，特に問題にはなりません。ILLの記録や作業用の帳票類，預かった紹介状などの保管・処分についても，適正に行う必要があります。

○資料のリクエスト記録

　貸出中資料への予約や資料の購入希望に用いた帳票につい

ても注意を要します。予約の場合は現在の帯出者に関する情報も関連しますし，購入希望の場合は受入・整理部門にも情報が伝わりますから，その過程で事故がないように気をつけなくてはなりません。

　帳票を工夫し，受付や審査の段階と物流の段階では個人情報の部分を切り離したり，連票にしたりするなどの方法で流れる情報を調整するというのも効果的な方法です。

○レファレンス事例の共有
　レファレンスについての情報交換は以前から担当者の重要な情報源として行われてきましたし，近年では国立国会図書館における「レファレンス協同データベース事業」などのようにWWWを使用した事例の共有が盛んに行われています。
　こういった場にレファレンスの事例を出すことは，明らかに相談者が特定できる場合や，よほどプライバシーに立ちいったものでもない限り，個人情報や利用者の秘密の保護とはあまり関係がありません。

1.5 利用者への連絡

　リクエスト資料の到着通知や督促など，図書館から利用者にコンタクトを取るタイミングが，いちばん情報が漏れやすい瞬間かもしれません。いっぽう館種や状況によっては個人情報を表に出さなくてはいけない場合もあります。

　どの館種でも個人情報保護と運用の面で迷っているのは，この種の問題といえるでしょう。大事なことは，利用者にとっての利便性を損なってはいけないということです。

○資料の到着通知

　資料の購入依頼，貸出中資料の予約，文献複写物の取り寄せなど，利用者から図書館にサービスを求められ，後日回答するというときには，図書館から利用者に連絡する必要があります。電話，ハガキ，電子メール，掲示など手段はさまざまですが，それぞれにリスクや注意事項が存在します。

　電話による連絡は，相手の反応が確認できるのでいちばん確実な方法といえるかもしれません。ですが，たとえ本人であっても資料名などを伝えず「先日リクエストされた本」などのように，ある程度抽象的な表現を用いるのが適切といえます。

　ハガキの場合は，本人の手に渡る前に誰の目に触れるかわかりません。ハガキを用いるなら封印ができるような形式にするのがよいでしょう。封印にはシールを用いる方法，ミシン目を入れたハガキを用いる方法，圧着封印する方法などがあります。いずれの場合も，ここ数年はパソコン用品で比較的安価に，また特別な技術を要することなく実現できるよう

になっていますから，導入にはそれほど大きな障害はないでしょう。

こういったハガキだけでなく封書や電子メールであっても，家人が開封しないとも限りませんので，資料名などを書かずに「○月○日に予約された本」とか「○月○日返却予定の本」といった表現を用いるのが無難でしょう。

○督促通知

館外貸出延滞についての督促についてもほぼ同様です。

ただし資料の到着通知と違うのは，「督促」という言葉のもつマイナスのイメージが大きいことです。利用者本人と図書館以外に内容が漏れないよう，よりいっそう表現に注意する必要があるでしょう。

○掲示による連絡

公共図書館では一般的でありませんが，大学図書館や学校図書館ではこの種の利用者への通知を図書館内や学内の掲示板で行うことがしばしばあります。保護法制や自由宣言の立場では必ずしも望ましい対応とはいえませんが，実効性が高いことや掲示が引換券を兼ねているなど実用性を兼ね備えていること，利用者が（比較的）限定されていること，督促については教育的効果・心理的効果があるなどの理由でやむを得ないところがあるかと思います。

保護法全面施行以降，掲示をとりやめたり氏名を利用者IDや学籍番号などに置き換えたりして対応する事例が多く見られましたが，掲示のとりやめは利便性や実効性を大きく損なっていますし，IDへの置き換えは本人の識別が容易にで

きないという点で利便性や実効性を損なっているばかりか，IDも個人情報であるという点から，本来的な意味では解決にはなっていません。

掲示する場合，利用者名と用件（たとえば「文献が到着しました」「本を返しましょう」など）にとどめ，資料名などは記載してはいけません。また，学部学科などを示す情報も，出力用のソート（データの並べ替え）に用いるのはかまいませんが，なるべく掲示されるものには現れないようにすることも工夫のひとつといえます。しかし，大学など組織が大きくなると同姓同名の人がいることも珍しくはありませんから，状況を見て対応する必要があります。

いくつか考えられる工夫としては，①リクエストなどを受け付ける際に，到着時に掲示による連絡が行われること（本人の了解を得ておく工夫），②掲示に用いる名前は本人と図書館にしかわからない名前や符号（ニックネームなど）を用いること（プライバシーを保護する工夫），③カウンター近くなどスタッフの目に届くところに掲示するなどのケースがあります。

もうひとつ，いちばん現実的でかつ効果ある対応としては「特に申し出がない限り，これまでどおり掲示による連絡を行う」という方針を打ち出すことです。「特に申し出がない限り」とオプト・アウト（利用者情報の掲示について，本人による拒否の意思表示）に応じることについて明確に示しておいて，その上で「（申し出がなければ）これまで有効であった方法を継続する」ことについて方針という形で「公表」することになります。

○第三者を通じた連絡

　学校図書館では生徒の図書委員や担任などを通じて、督促や連絡をすることがあります。利便性や確実性については一理ありますが、資料の内容や利用状況が無防備で伝わるなど、保護法制や自由宣言と照らしてあまり望ましい状態ではない場合もしばしばあります。

　図書委員や担任も「第三者」にあたりますから、図書館の利用状況を伝えることは控えねばなりません。その手段を用いる場合は、封書に入れたり通知の紙を折り曲げて封印したりの手段で、図書館と利用者本人以外に内容が伝わらないよう配慮をすべきです。

○柔軟な対応

　家人に連絡をとった際、利用者本人が長期の旅行や入院などのやむを得ない事情で不在であることが明らかになるケースがあります。

　そのような場合には、本人から図書館に至急連絡を取ってもらうよう家人に依頼する、家人経由で本人の了解を得てから家人に代行してもらう、図書館で急ぎの用件でなければ保留する、その他対応はさまざま柔軟にとれるように思います。「本人の了解（同意）を得る」ことを基本に考えておきましょう。

1.6 図書館外・他部署への流出阻止

　図書館の外部はもちろん，利用者の情報を同じ設置母体内の他部署等と共有している場合であっても，図書館利用の事実に関する情報だけは他部署に漏れないようにしないといけません。また，図書館専従でないスタッフの監督も重要です。従業者の監督は法令で定められていることです。

○外部データベースと図書館利用者情報
　自治体における住民基本台帳や学校・大学における学生データベースは，その組織・制度においてもっとも基本となる人物情報です。コンピュータ・システムの一般論からいえば，一つのデータベースで多くのデータを統合する，あるいはデータベース間で数多くの情報をリンクさせるのが理想ですが，そこに図書館利用の事実が含まれたりリンクされたりするのは決して望ましいことではありません。

　具体的には，住基カードや学生証（カード）のIC・磁気記録部分に図書館の貸出記録や入館記録等を含めることは絶対に避けなくてはいけません。それを避けるためにも，カードは可能な限り独立させるか，外部システムと連携しないバーコードなどをカードに添付し，カードの信号記録とは別の部分で利用記録を管理しなくてはいけません（81ページ参照）。

○読書記録・事実についての本人以外からの要求
　教員や家族，マスコミなど，本人以外が特定の利用者や利用者集団について，その読書記録を求めてくることがあった

ときであっても、もちろん保護の対象となります。利用者本人の人格を尊重し、たとえ利用者が子どもであっても安易に親や教員に読書事実を知らせるべきではありません。

　課題とした図書を学生・生徒が借りたかどうか確認するなど、学習指導上どうしても必要とされるような場合であっても、その事実だけを提示し、学生・生徒がその課題となった図書以外にどのような資料を利用しているか示すべきではありません。

　犯罪捜査上の必要については「国の機関又は地方公共団体が法令の定める事務を遂行することに対して協力する必要がある場合」（保護法第23条の例）と位置づけられますが、自由宣言で謳っているように憲法第35条に基づく令状の提示がない限りは提示すべきではありません（50ページ参照）。

○図書館員外のスタッフ

　学校図書館における生徒の図書委員、公共図書館におけるボランティア、その他学生アルバイトなど、司書としての訓練を受けていないスタッフが図書館のカウンター業務に携わる場合、利用者の秘密を守ることについては厳重に指導・監督しなくてはいけません。

　業務委託や派遣職員であれば業者との間で守秘義務の契約を交わしますが（74ページ参照）、これら図書館独自に運用協力を求めるスタッフについても守秘義務について確認しておくべきですし、また、利用者情報や貸出記録へのアクセスの権限は与えないか、限定すべきでしょう。

1.7 憲法第35条による令状への対応

　各種の犯罪捜査などにあたり，図書館に警察官や検察官が訪れ，利用者情報や貸出の記録などを尋ねられるケースがあります。推理小説やドラマなどでも重要な手がかりとして描かれることの多いこの種の事例ですが，自由宣言では利用者の秘密を守るために憲法第35条に基づく令状がない限りは外部に漏らさないことを謳っています。

　利用事実について開示が求められるのはこの令状がある時のみだということを図書館は理解しておく必要があります。

○法令との関係

　図書館が保有している個人の利用者情報，読書記録，その他の利用事実は裁判所の令状がなければ警察官や検察官にも提示させたり閲覧させたりする必要はありません。刑事訴訟法第197条に基づく「照会」についても，回答義務はなく，もって捜査官の立ち入り調査を許可するものではないということもあります。

　たとえば個人情報保護法第23条では「あらかじめ本人の同意を得ないで，個人データを第三者に提供してはならない」とあり，その例外として「国の機関又は地方公共団体が法令の定める事務を遂行することに対して協力する必要がある場合」が挙げられています。これには犯罪捜査への協力も含まれると一般的に解釈されていますが，自由宣言は日本国憲法が保障する表現の自由に基づくものであり，利用者の秘密には基本的人権という要素があるということは心得ておく必要があります[1]。

○利用者の秘密の範囲

　図書館が守る利用者の秘密の範囲は 19 ページに示したようなものですが,「利用事実」には実際の利用記録だけでなく「利用がないこと」も含みます。ある犯罪者（容疑者）が図書館を利用した事実があるかという照会について「利用がないからそのことを回答してかまわない」ということもないわけです。

　入退館管理システムや防犯カメラの記録についても同様です。映像記録やログを提示・提供することは「容疑者以外の利用者」の個人情報および利用者の秘密をも示すことにつながります。

日本国憲法
第35条【住居侵入・捜索・押収に対する保障】　何人も，その住居，書類及び所持品について，侵入，捜索及び押収を受けることのない権利は，第33条の場合を除いては，正当な理由に基いて発せられ，且つ捜索する場所及び押収する物を明示する令状がなければ，侵されない。
2　捜索又は押収は，権限を有する司法官憲が発する各別の令状により，これを行ふ。

注
1) 後藤昭「図書館利用者の秘密と犯罪捜査」現代の図書館　34(1), p.40-57 1996.3

2 広報

　利用者サービスにかかわる図書館の活動としてもうひとつ重要なものに，広報が挙げられます。ここにも個人情報がしばしば付随するうえ，近年はWWWを使用した広報活動により影響も大きくなっています。メールの誤送信や宛先指定のミスなどの問題もあり，扱うスタッフの教育・訓練が必要な場合もあります。

　個人名の掲載についてはふつう「取得の状況からみて利用目的が明らかである」ことが多く，一般的にはわざわざあらためて同意を求める必要がないものではありますが，利用者の声などを記事に採りあげるときには，個人情報が広報物に記載されるのか否かをはっきり伝えておき，記載される場合はその範囲（名前や居住地区など）を確認しておきましょう。
　写真撮影については，写真は「個人情報」ですが，体系的に整えられていなければ「個人データ」にはあたらず，第三者提供についての事前同意は不要です。しかし，名前との組み合わせなどで個人を特定できるような場合は肖像権の侵害になりえますし，そういう点で配慮が必要な場合があります。
　館内風景の撮影などで利用者が写りこむような場合は，対象に声をかけるなどして，撮影の目的（市広報への掲載など）を伝えておくのが無難です。集会・催事等の撮影については

演者や壇上を撮影するのは特に説明を要することはそれほど多くありませんが，聴衆を撮影するときには，「取得の状況からみて利用目的が明らかである」とは必ずしもいえない場合もあります。聴衆が特定されるような撮影の仕方の場合はもちろんその対象に，全体的に撮影する場合は事前に撮影されること，写真の利用目的などを伝えておいたほうがよいでしょう。

いっぽう，これらの広報物を通じて図書館の個人情報保護の姿勢を利用者にアピールすることができます。

> チョット
> ひとやすみ

コラム

肖像権と個人情報保護

肖像権については，プライバシー権の一部と位置づけられていますが，明確に法律の中で明文化されているわけではありません。いっぽう個人情報保護法制において容姿は個人情報と定義されているものの，「個人データ」となっているものでなければ第三者提供制限などの義務は生じません。つまり，肖像権については引き続きプライバシーへの道義的配慮に基づく運用が基本となります。

2.1 印刷物とホームページ

　自治体の広報誌や学校の校内報などは、およそ広報対象(配布対象)は限定されています。しかし、限定されているからこそ配慮が必要な箇所も多数あります。また、印刷されたものは発行された後の修正は困難です。

　いっぽうホームページの場合、発信対象は不特定多数であり、誰がどのようにみるかわからない以上、個人名などについて格別の配慮を要する場合があります。しかし、比較的容易に更新修正することが可能ですから、本人からの申告に基づき提示をとりやめることが可能です。

○掲載される個人名と写真

　個人名や写真についての留意点は先に述べたとおりです。特にホームページでの発信については発信対象が広いことなどから、事前同意の必要性はいうまでもないでしょう。

　写真の取り扱いについて個人情報保護法制では事前同意が必要ないといっても、肖像権など同義的な面からの配慮が重要であると考えてください。

○図書館利用の奨励と利用者の秘密

　学校図書館や大学図書館などの一部で、図書館利用振興や奨励の意義から多読者(ある期間の貸出数が多かった利用者)の表彰や発表・報告を行っている館もあります。多読はつまりそれだけ図書館を利用しているということの証明ですから、利用者の秘密を守るという方針からは若干外れているものです。しかしいっぽうで、限られた利用者の範囲の中で図書館

利用を振興するために表彰などをすることは効果も意義もあることだともいえます。広報物で多読者について扱うときには，インタビューなどを通じて本人から発言された場合を除いて，多読者が何を読んだかは公開してはなりません。この場合も，本人の了解（同意）ということを基準に考えればよいでしょう。

逆に，個人名と関係なくどの本が多く読まれたか（借りられたか）ということについては個人情報とリンクしていませんし，利用者を特定していませんから利用者の秘密とも関係はありません。

○掲載内容の修正

広報物に掲載した個人情報，特にホームページの場合は掲載後に掲載対象となった人から修正や削除を求められることがあります。個人情報保護法制では保有個人データの内容が正しくないときに訂正を，また個人情報の利用目的を超えて取り扱われている保有個人データの利用停止を，それぞれ求められたときに対応することが義務づけられていますが，広報物に用いた個人情報は保有個人データであるとは必ずしもいえません。

しかし，広報物である以上，その対象の意思は尊重したほうがよいでしょう。可能な限り，広報物の訂正・修正に応じるべきかと思います。

2.2 電子メールを用いた広報

いわゆるメールマガジン(定期・非定期による広報)や,休館・システム停止・新サービス開始のお知らせなどの臨時的な広報・周知において電子メールを用いることは,印刷物の配布やホームページによる単なる情報発信より利用者が直接図書館からの情報を受け止めることができるという点で有効ですが,人為的ミスによるアドレス流出事故が発生しやすいというリスクもあります。

○配信の事前同意

配信のために利用者情報に含まれるメールアドレスを用いるのは,情報の取得時にメールアドレス宛に広報が行われることを「この連絡先に図書館からのお知らせをお送りします(することがあります)」などと明示しておくか,新たにサービスを始めるのであれば,あらためて本人の同意を得なければなりません。具体的には,広報物や館内掲示を通じて再度申し込みの手順を設ける必要があります。

○電子メールの宛先管理

電子メールのアドレス単独では,個人名を特定・識別できるものであれば個人情報ですが,記号の組み合わせであれば個人情報とはいえません。しかし,利用者データベース内の利用者名と組み合わせてアドレスを管理していれば,保有個人データの一部として扱うべきものです。

電子メール送信時の宛先指定は通常の宛先指定である「TO」と,送ったものがコピーであることを示す意味合いをもった

「CC（carbon copy：カーボンコピー）」，そしてコピーの送付先を伏せるために用いる「BCC（blind carbon copy：ブラインドカーボンコピー）」の3種類があります。この中で「TO」「CC」は送信相手にすべて示されます。

　一対一，あるいは事情を知るもの同士の間では「TO」「CC」を使用しますが，利用者からみて他の利用者は「不特定多数」であるといえます。自分のアドレスが他者に知られるのを好ましく思わない利用者もいるでしょうから，図書館が広報に用いる場合は「BCC」を使うのが一般的です。

○宛先指定の工夫

　BCCに指定すべき宛先をCCにしてしまう人為的ミスは，扱うスタッフの教育・訓練である程度軽減することができますが，手作業による指定はミスが発生する余地を残しています。あらかじめ宛先をBCCに設定したメールの「下書き」をテンプレートとしておくのは工夫のひとつです。また，管理者以外の投稿を受け付けないよう設定した，単方向のメーリングリストを設定するのも有効です。

　いずれの場合も，メールアドレスを扱っていることにかわりはありませんから，発信に携わるスタッフ，アドレスを取り扱うスタッフは限定されるべきです。

2.3 エントランスでの掲示

　図書館のエントランス（出入口）周辺は，利用案内や広報物など入館者に情報を伝えるにはもっとも効果的な場所といえます。個人情報の保護について利用者に「通知または公表」する場所としても最適であるといえるでしょう。

○「図書館の自由」のアピール
　図書館を利用する誰にでも「図書館は利用者の秘密を守る」「読書の秘密を守る」ということについて理解してもらうためには，日本図書館協会の「図書館の自由に関する宣言」ポスターや展示パネル「なんでも読める　自由に読める!?」などを用いるのが効果的です[1]。

○図書館独自の個人情報保護方針のアピール
　図書館には，明文化こそされていなくても「利用者の登録情報，読書記録および利用記録を図書館外に漏らさない」ということや「図書館は資料収集・提供の自由を守り，知る自由を保障する機関である」ということ（いずれも自由宣言の基調であり，かつ個人情報保護法制に則していること）などはポリシーとして既に備わっています。

　これらをぜひ図書館独自の個人情報保護方針（ポリシー）としてまとめるべきですが（86ページ参照），それを公示する場所としてはエントランス付近が効果的でしょう。

○利用者情報の利用目的の掲示

　図書館で収集する利用者の個人情報の利用目的についてもここで示しておくことは有効です。

　防犯カメラ（38ページ参照）を設置している場合は，特定の個人の容姿が識別できる情報を取得していることになりますから，その事実（カメラで撮影していること）および目的（防犯のため）を「本人に通知または公表」しなくてはいけません。

○利用者情報の掲示

　利用者に資料到着などを通知する場合の掲示（45ページ参照）については，不特定多数の利用者が目にするエントランス付近は避けたほうがよいでしょう。

　多少の利便性は損なわれますが，カウンターなどスタッフから目の届く場所にしたほうが，無関係な人間が利用者情報を注視することをある程度抑制できます。

注

1) 展示パネル「なんでも読める　自由に読める!?」の利用方法など図書館の自由に関する教育・研修などについての詳細および申し込み・問い合わせ等は日本図書館協会図書館の自由委員会ホームページ（http://www.jla.or.jp/jiyu/）を参照。

3 資料に関する個人情報

　図書館が所蔵している資料には，著者や記述対象としての個人に関する情報が含まれており，その利用と管理のために著者名目録や件名目録を体系的に整備している以上，それらは「保有個人データ」「個人情報ファイル」となります。

　しかし，「はじめに」で述べたように市民の利用に供するため，あるいは学術研究に要するために図書館が所蔵する資料については個人情報保護法制の適用除外となっていますから，基本的には提供に制限がかけられることはありません。

　少なくとも公に刊行された資料であれば，そこに個人情報が含まれていることについてはその対象者にはなにがしかの形で知らしめられているでしょうし，仮にそうでないことがあったにせよ，資料を公刊することに伴うさまざまな責任は，出版の自由とともに出版する者にあります。誰でも書店などで買うことができるものについてわざわざ図書館が規制する必要はありません。

　公に刊行されていないものであれば，図書館がその資料を受け入れた経緯が判断材料になります。発行者から寄贈されたものであれば，ふつうは「図書館で広く公開して欲しい」という意図があるのでしょう。

　図書館が利用に供することを目的として，蔵書構築の方針

に則って正しく選定・受入した資料であれば公刊・非公刊であるとにかかわらず，公開を拒む理由は存在しません。

このことは，自由宣言においても謳われています。

第2　図書館は資料提供の自由を有する。
1　国民の知る自由を保障するため，すべての図書館資料は，原則として国民の自由な利用に供されるべきである。

図書館は，正当な理由がないかぎり，ある種の資料を特別扱いしたり，資料の内容に手を加えたり，書架から撤去したり，廃棄したりはしない。

提供の自由は，次の場合にかぎって制限されることがある。これらの制限は，極力限定して適用し，時期を経て再検討されるべきものである。
(1)　人権またはプライバシーを侵害するもの。
(2)　わいせつ出版物であるとの判決が確定したもの。
(3)　寄贈または寄託資料のうち，寄贈者または寄託者が公開を否とする非公刊資料。
2　図書館は，将来にわたる利用に備えるため，資料を保存する責任を負う。図書館の保存する資料は，一時的な社会的要請，個人・組織・団体からの圧力や干渉によって廃棄されることはない。

またそれ以外にも，資料を発注・受入し，整理し，書架に並べるプロセスにおいても常に個人情報がかかわります。

3.1 名簿の扱い

　図書館資料の中でもっとも「個人情報」ということを意識させる資料は，名簿の類です。保護法制が世間の注目を集めるずっと前から図書館では名簿の扱いについて話題にすることがしばしばありました。判断の基準は「公になっているもの」「出版・編纂者の意向」「名簿記載者の同意を得ているもの」「人権・名誉・プライバシー侵害の申し立て」でしょう。

○名簿の種類と取り扱い

　図書館が取り扱う名簿類にはさまざまなものがありますが，体系的に個人情報が並べられているものとしては電話帳，人名事典，学会員などの名簿，卒業アルバムなどがあります。本来これらの名簿類は出版・編纂者がその編集時に，名簿に収録される対象になんらかの形で作成意図や頒布の範囲・方法等について説明しているはずであり，その内容についての責任は作製者が負っているものです。

　したがって，図書館がこれらの名簿類を公開するにあたっては一般的な資料と同様に問題はありません。

○非公刊の名簿への配慮

　図書館が扱っているものは基本的に市販されていたり，学術資料に付帯して提供される学会員名簿であったり，寄贈されたものであったりします。寄贈されたものの中には，限定された対象だけに頒布・配布された非公刊の資料が含まれていることもありえます。

　頒布・配布対象が限定されたものであれば，構成員のみの

利用を想定したものや純粋に私的な利用を企図した名簿の類もあるでしょう。これらは本来受入時になにがしかの検討がされているはずですが、いちど蔵書となっている以上、安易に制限すべきではないと考えます。

　こういうとき判断の材料となるのは、寄贈者の意図です。図書館に寄贈された意図として利用者の目に広く触れさせたいということであれば、提供を制限する理由はなにもありません。もし逆に収録対象の思想・思考や嗜好が明らかになるような同好会的な団体の名簿や、差別や蔑視に直結する地域・集団の名簿のようなものであれば、提供に部分的な制限をかけることもやむを得ないでしょう（64ページ参照）。

〇生存しない人物を対象にした名簿

　個人情報保護法制は、生存する個人を対象にしたものです。したがって、生存しない人物を対象にした名簿については、個人情報保護の観点からは直接問題にはなりません。しかし、その名簿に氏名に加えて住所が掲載されているとすれば子孫の特定は困難ではありません。

　その名簿を公開することによって子孫の名誉・プライバシーが毀損されることがあれば、それは図書館にとっても問題となります。公開・提供方法の判断は先述したとおり、その内容や図書館の選書意図をもとに判断すべきでしょう。

3.2 人権・プライバシーを侵害した資料

資料提供の自由について謳っている自由宣言でも，提供を慎重に検討すべき資料として挙げているのが人権・プライバシーを侵害した資料です。当該者の利益・名誉にかかわってきますから，これらは例外的に考える必要があります。

○自由宣言の例外

自由宣言は「すべての図書館資料は，原則として国民の自由な利用に供されるべき」としていますが，その中で例外としているのは，(1) 人権またはプライバシーを侵害するもの，(2) わいせつ出版物であるとの判決が確定したもの，(3) 寄贈または寄託資料のうち，寄贈者または寄託者が公開を否とする非公刊資料，を挙げています。このうち (2) と (3) については個人情報の保護とは直接関係していませんが，(1) については前項でも述べたように名簿などに大きくかかわっています。これらの資料を公開することで不利益をこうむる人がいる以上，無条件な公開を是とするものではありません。

宣言の解説では，この「人権またはプライバシーを侵害する資料」についてより詳細な解説を行っています[1]。

その中でプライバシーの定義は「特定の個人に関する情報で，一般に他人に知られたくないと望むことが正当であると認められ，かつ，公知のものでない情報」とされていますが，名簿の類と照らし合わせると，収録対象の思想・思考や嗜好が明らかになるような同好会的な団体の名簿(非公刊のもの)などが挙げられると思います。

もうひとつ，人権の侵害については特に差別的なものが考

えられます。宣言の解説ではいわゆる「部落地名総鑑」の類の資料や一部の古地図，行政資料などを例として挙げ，これらを利用することで，被差別部落出身者を推定できることを危惧しています。今日公刊されるようなもので，被差別部落出身者を収録する名簿の存在は考えにくいですが，歴史的資料・非公刊資料で被差別部落出身者や過去の犯罪者の子孫を特定することが可能なものは少なからず存在しています。

〇提供制限の方法

これらの資料については，一般の利用者に無制限な公開をするのではなく，たとえば貸出禁止とする，出納式にする，複写を禁じる，スタッフの目の届く範囲での閲覧に限定する，などその内容に応じて若干の制限を検討すべきでしょう。

問題があるからといって，除籍・廃棄したり目録から削除し利用者から存在を隠したり，一律非公開としてしまうのは望ましくありません。

自由宣言でも「将来にわたる利用に備えるため，資料を保存する責任を負う」ことを謳っています。

注
1) 『「図書館の自由に関する宣言1979年改訂」解説』第2版（参考文献1）p.25-28より。

3.3 発注

　図書館から書店に図書を発注する際，業務上の必要から発注者の情報が書店に伝わります。スタッフの情報であればともかく，大学図書館や専門図書館などにおいて教員や研究者などの発注事務を図書館が代行している場合は，注意が必要です。

○発注者の情報

　教員や研究者が図書館を通じて発注するときは，発注者の個人情報（氏名や所属）およびプライバシー情報（発注内容）の双方が書店という「第三者」に受け渡されることになります。特に注意が必要なのは，研究者から預かった定型の伝票などをそのまま発注票として書店に預けるような場合です。

　もちろん，リクエスト資料（希望購入など）の場合には，希望者の情報が発注情報に載らないようにしましょう。大学図書館や学校図書館では注意が必要です。

○書店側の「利用目的」

　書店の立場から見れば，営業上の重要な情報源であり，これをもとに新刊案内などを行うことになりますから，書店に対して「この個人情報をこの発注に対する納品以外の目的に使用してはいけない」ということは困難です。発注者の側も提示した情報が新刊案内などに用いられることはある程度承知の上かとは思いますが，ダイレクトメールや売り込みに対する感情は人それぞれです。

　これらへの対応の工夫としては，①研究者に説明の機会を

設ける，②書店に個人名が伝わらないことを望む研究者は図書館と研究者および事務代行者(助手や研究室スタッフなど)といった内輪にしかわからないような符合（例えば「英文研究室1」などのように）を用いる，③書店に対しては発注で得た情報を無関係な領域の資料の案内に用いてはならないという確認（場合によっては契約）をする，といった方法が考えられるでしょう。

○書店側の個人情報利用・第三者提供について

　大手の書店であれば個人情報保護法で定めるところの「民間事業者」であるわけですから，ほとんどの場合が個人情報保護ポリシーを持っていることと思います。したがって，研究者や図書館の発注者個人に対して覚えのない売り込みがあったり，ダイレクトメールなどが相次いだりした場合は，保護法25条に基づく個人情報の開示や，保護法27条に基づく利用停止（第三者への提供を含む）を求めることができます。開示や利用停止に応じない場合，書店には相応の理由を示す義務があります。

3.4 目録と個人情報

　図書館で作成整備する目録は，著者名という個人情報を体系づけて「個人情報データベース等」「個人情報ファイル」とすることになります。図書館が所蔵する資料に含まれた個人情報は保護法制の適用除外であることは先に述べましたが，2005年6月，日本図書館協会目録委員会は「個人情報保護と日本目録規則（NCR）との関係について」の見解を発表しました（101ページ参照）。

　その要点は，①公刊物から取得した目録上必要な個人情報（著者名や略歴等）については第三者提供の対象外であること，②公刊物以外の情報源から取得した個人情報は（同意を得なければ）公表不可能であること，③目録情報を通じた匿名作品などへのリンクは（同意を得なければ）公表不可能であること，といった目録作成上の留意事項および作成者に対する個人情報取り扱いの義務・責任について言及されています。

　個人情報保護法制に対する対応についてはこの見解によってある程度は示唆されていますが，②や③によって著者に関する情報の利用の一部に不自由をきたすことにもなりました。

3.5 寄贈・寄託された資料と個人情報

　個人から図書館資料の寄贈・寄託を受けた場合，その数や内容にかかわらず，寄贈者名を資料に記載してよいか，あるいはリストとしてよいか，寄贈者名や寄贈の事実を広報物に掲載してよいか，その諾否を確認しておいたほうがよいでしょう。

　もともとは，寄贈者名を記載し公表することは，寄贈者に対する謝意を示すという意図がありました。いまは貴重資料など特別な場合を除いて記載しないことが多くなっています。

　個人情報保護制度の観点からいえば，存命の個人からの寄贈であり，本人の承諾（同意）を得ているのであれば資料に寄贈者名を記載したり，リストを公示したりすることは法に反することにはなりません。いっぽう故人であっても，寄贈者・寄託者（多くの場合は遺族だと思いますが）に同様の意思を確認しておくことで，トラブルを回避することができるかと思います。

　寄贈者名を公表することを希望しなかった篤志や，郵送などで寄贈されてきたケースなどで寄贈者の確認をとることを省略する場合は，「有志寄贈」「著者（あるいは発行者）寄贈」などのように処理しておくことで寄贈者の個人情報を保護することができます。著者寄贈の場合，一般的には寄贈にあたっての送り状などがついている場合がほとんどですから，その文章に特に明記されていない限り著者の同意を得たとしてよいでしょう。

4 管理運営と個人情報

　図書館固有の個人情報保護に関する問題は，前の3項でその大部分を挙げてきました。いっぽう，図書館を運用する上での事務レベルでの個人情報の保護については，一般の事業者と同じように留意すべき点が多々あります。

　図書館スタッフの人事情報，取引先等業者の担当者などの情報，派遣職員や業務委託，ボランティアなど非専任職員による図書館業務（個人情報取り扱い）の委託などによる，さまざまな個人情報の取り扱いがまず挙げられます。

　もうひとつ，図書館が使用しているコンピュータやネットワークが管理・蓄積している個人情報や，文書等で保管されている個人情報の管理についても留意しなければならないでしょう。

　これらの個人情報の取り扱いについては自由宣言とは関係なく，図書館という個人情報取扱事業機関がそれぞれ適用を受ける個人情報保護法制の規定に即して行う必要があるものです。

　自由宣言が関係するものについてはそれぞれ「図書館がいままでやってきたことの再確認」という要素が強く，さほどあわてることは多くありませんでしたが，これらの事柄については従業者の義務や監督，委託先の管理責任，安全管理措

置など多くの配慮を要します。

しかし，法制の趣旨はあくまで個人情報保護と取り扱いのためのいわば「交通ルール」ですから，事務処理の上でずさんな運用や漏洩など行われないように配慮しておけば，特に厳重な注意や過剰な警戒を要することもありません。

スタッフの研修によって個人情報保護についての意識を高めていくなど，地道な活動が必要でしょう。

> チョット
> ひとやすみ

コラム

個人情報漏洩・流出へのペナルティ

個人情報保護の法令にはそれぞれの組織や事業者に対し罰則が定められています。罰金または懲役ということになりますが，何よりも重い罰は「個人情報漏洩・流出をした」ことによるその組織のイメージ低下でしょう。事故であればずさんな管理といわれますし，故意の流出であれば社会的にもっと厳しい評価が下されます。

特に私立学校であれば学校の人気や知名度とも大きくかかわり，その回復は容易なことではありません。

なにより「こわい」のは，図書館界の情報連絡網かもしれません。悪い噂の元になることのないよう，くれぐれも注意しましょう。

4.1 図書館運営に関わる個人情報

　図書館の管理部門においては，スタッフや業者など一般的な個人情報保護法制に依る各種の個人情報を管理・保護する必要があります。また，館内の個人情報保護が円滑に運用されるよう環境を整える必要もあるでしょう。

○インハウス情報

　従業者の雇用に関する情報や人事評価，賃金に関する情報，家族や資産・債務に関する情報，身体・健康に関する情報など従業者に関する情報のことを総称してインハウス情報といいます。採用や退職者に関する情報などもインハウス情報に含まれます。インハウス情報もまた保護すべき個人情報です。組織の内部であっても無制限に流通してはならないものであり，その取り扱いは個人情報保護法制の適用を受けます。

　図書館の場合，スタッフの勤務に関する情報や連絡先などといった日常業務に使用される範囲の情報を超えるような，人事や採用に関する情報などセンシティブな情報は，図書館の設置母体である自治体や学校や企業など上部組織の人事担当部局などが取り扱うことがほとんどです。しかし，管理職や図書館内の総務担当部署などの管理部門は，しばしばインハウス情報を取り扱うことがあります。

○取引業者等に関する情報

　図書館には，書店をはじめとして機器備品の業者，施設やシステム保守の業者など，図書館を運用するにはさまざまな業者が出入りします。その業者の担当者連絡先なども当然個

人情報です。

　書店については図書や雑誌の選定・受入担当者が主に応対することと思いますが，機器備品や施設管理については営繕担当者が，システムの保守にはシステムの担当者が，支払いについては会計の担当者がそれぞれかかわります。それらの業者に関する個人情報が事務室内のそれぞれの担当者に分散されることになりますから，スタッフひとりひとりが個人情報の保護について注意と関心を払う義務があります。また，それらが適正に運用されているか，管理職や総務担当は従業者の監督をすべきでしょう。

○統計と個人情報

　一般的に，図書館の利用統計は登録者数や貸出数などを集計することで算出するものですから，集計された数値は個人を特定するものではありませんし，結果としてできあがったものに個人情報が含まれることはありません（調査票に記入する館長名，記入担当者名などは除く）。ですから，図書館の統計を公開することと個人情報保護とはまったくといってよいほど関係ありません。

　しかし，多読の集計を行うときには個人情報がかかわりますし（54 ページ参照），一般的な統計でもその集計過程で利用者の利用状況やスタッフの年齢や勤務時間などをもとに集計を行うことがありますから，それを扱うスタッフはその情報が第三者に漏れないよう慎重に作業をしなくてはなりません。

4.2 業務の委託

図書館運営・運用に外部の業者などがかかわっている場合は，その業務の過程で利用者情報が外部に漏れることがないよう守秘義務について契約を交わしておく必要があります。

○委託の定義

個人情報保護法制でいうところの「委託」は，契約に基づいて個人データを取り扱う作業の全部または一部を外部の者に行わせることを指します。

契約の形態や種類を問わず，その委託先に対して必要な監督を行う責任を負う必要があります。

委託先からさらに別の業者に再委託されるような場合であっても，個人情報取り扱いの責任は原則として委託元が負うものです。つまり，委託先の情報取り扱いの監督だけでなく，再委託先が適切な選定であるか，再委託先を十分監督しているかなどについても監督する義務を負うわけです。

○図書館における委託

図書館で「委託」という語を用いるときは一般的には「閲覧業務の委託」「整理業務の委託」「清掃業務の委託」ということを連想しがちですが，個人データの入出力や処理を行うことといえば，利用者データベースを含む図書館システムの保守についても（図書館員だけで開発や保守がまかなえていない限り）業者に委託していることになります。

○委託先の監督

　これら委託先を「監督」するということは，もちろんその一挙手一投足を見張ることではなく，その取り扱いが正しいものであるかどうか適宜確認することにあります。

　そのためにまず必要とされるのが，適正な委託先の選定です。個人情報取り扱いについて JIS 規格に準拠し適正な運用を行っていることを認定された「プライバシーマーク」取得機関などであれば委託先として一定の信頼がおけますが，取得には法的義務がありませんので，プライバシーマークを取得していない企業等であるから委託先として不適当ということはありません。漏洩防止に努めているか，そこの従業者の教育・研修が行われているかなどが判断の材料となるでしょう。

　次に必要な契約です。責任の明確化，安全管理，再委託の確認，契約内容の遵守や違反時の対応，事故発生時の連絡などを盛り込んでおくことが大切です。そして，実際に委託をしている状況で，契約内容が正しく履行されているかを定期的に確認するべきでしょう。

○図書委員

　学校図書館において図書委員の生徒に貸出や書架整理などの図書館業務を行わせている場合も，「委託」と判断できます。図書委員を使用するときは，その業務手順を説明するときに，読書事実・記録の守秘など，個人情報や図書館の自由を守ることについて基本的なことを指導する必要があります。

4.3 データの保管と処分

　図書館業務で発生した帳票類や各種の記録は運営上必要な資料ですが，不要なものまで蓄積することはリスクを抱えることと同じです。記録形式を問わず保管と処分はそれぞれ適正に行う必要があります。

○データの保管

　利用者関係の帳票の原票類や事務室内の業者関係の名刺など，図書館にはさまざまな形で個人情報が存在しています。未整理のものであれば第三者提供の制限や安全管理措置のおよばない単なる個人情報であるとはいえ，利用者関係の情報は利用者データベースに同じデータが入っているでしょうし，業者関係であれば電子メールの連絡先などが関係するスタッフのコンピュータ内に含まれている可能性があります。場合によってはスタッフ個人所有の携帯電話などに登録されていることもあるでしょう。

　つまり，データの保管場所についてはさまざまあると同時に，それらが適正に保管管理されているか，図書館として把握する必要があります。単に「鍵のかかるところに保管」をしていても，そのデータと同じものが別の場所に別の形で存在するのであれば意味がありません。

○データの処分

　データの保管と対になる事柄として，処分にも配慮が必要です。利用者データを廃棄することはそうそうないでしょうが，原票や各種の帳票類，ILL の申込書や掲示物の類，事務

用の各種記録に含まれた個人情報やデータなどはいつまでも蓄積することで漏洩事件や事故の原因となることもあるでしょうから，折を見て消去するのが適当です。もちろん統計作成のために貸出データなど利用記録のいっさいを消去してしまうことは非現実的ですが，個人情報にかかわる部分を集計用の項目に置き換えることで統計の機能を損なうことなく個人情報を消去することが可能です（36ページ参照）。

　紙であれば廃棄処分，シュレッダーによる裁断，焼却や溶解による処分などさまざまな処分方法が存在します。

　単純な廃棄は自治体委託業者等の収集から焼却にいたるまでの間にどのような人間の目に触れるか定かでありませんから，個人情報を廃棄する方法としては推奨できません。最低でもシュレッダーなど，もとの情報を推測できない状態に処分するのが適当です。そういう意味で焼却処分は適切な手段ということができますが，独自に焼却炉を用意するのが困難になっている今日では，溶解と同じように業者に処分を委託しなくてはなりません。そのためには，廃棄物であっても個人情報を取り扱う以上，信頼できる業者を選定・委託する必要があります（75ページ参照）。

4.4 システム担当

　図書館における最大の個人情報データベースは，所蔵資料のことを除けば利用者データベースでしょう。利用者データベースを直接操作するスタッフが個人情報・個人データの取り扱いに留意しなくてはならないのはもちろんですが，システム担当者もまた個人データの取り扱いの責任が重いものです。

　そして，個人情報にかかわる事件・事故の大部分がシステムからの流出・漏洩あるいはシステムのデータを蓄積したパソコン類の盗難によるものであることもまた問題です。

○システム担当者の役割

　図書館におけるシステム担当は図書館専従のスタッフがシステム担当として割り当てられる場合と，図書館外で専門知識を持った人間が配属される場合があります。

　前者であれば図書館における利用者情報の意味合いが通常の個人情報保護法制を超えて重要であることは，ある程度基礎知識として持っているものでしょうが，後者の場合はまずその意識を持たせるところからはじめなくてはなりません。

　利用者データベースの運用にあたって，外部にデータが漏れたりすることのないよう環境を整えたり，スタッフにデータ取り扱いの留意事項を教育・研修することも図書館のシステム担当者の重要な役割といえるでしょう。

○利用者データベースへのアクセス

　カウンターの端末は利用者情報に直結している端末です。

基本的にカウンターにはスタッフが常駐しているものですが，利用者への応対上，無人に近い状態になることはありえます。端末操作が第三者によってなされないよう，一定時間操作が行われないときはパスワードを必要とするロックをかけるなどの対応が必要でしょう。

また，利用者情報を検索・表示するようなシステムへのアクセスには別途パスワードを要求するなど，安易に外部の人間が触れることができないような仕組みにすることが肝要です。

同時に，帳票の出力などでカウンター内の端末のローカルドライブ上にファイルを作成する必要があるときは，①貸出・返却に用いる端末での作業はできるだけ避ける，②作成したファイルは事後速やかに消去する，③ファイル自体にロックをかける，といった対応が必要でしょう。

○図書館システムの保守

図書館システムは日常的な操作はともかく，保守（メンテナンス）には専門知識を有したスタッフが必要ですし，バージョンアップやリプレースなどはシステム業者なしでは行うことができません。図書館システム業者であれば個人情報の取り扱いについて十分な対応をとっていると判断してよいでしょうが，新規契約のときにははっきりと契約内容を確認しておく必要があります。

4.5 ネットワーク

　図書館システムのほとんどは端末単体（スタンドアロン）ではなくネットワークで動くことが前提になっています。つまり，図書館が持っている個人情報（に限らず各種の情報）はネットワークでつながっていることになります。

　それ以外にも，図書館の業務システムのネットワークが設置母体である自治体，学校，大学や企業のネットワークに接続している場合，他部署から図書館の情報が「見られる」ということもありえます。

○図書館システムの「安全性」

　一般的に図書館システムはサーバとクライアントという構成で成り立っていますから，カウンターに置かれた端末がスタンドアロンで利用者情報や貸出情報を蓄積していることはほとんどありません。前項で述べたようにローカルドライブでの作業にさえ注意していれば，万一カウンターの端末自体が盗難にあったとしても利用者情報が外部に漏れる危険は少ないといってよいでしょう。

　しかし，サーバに保存されているから安全であるとは必ずしもいえません。サーバには外部からの侵入の危険が伴いますし，ネットワークの構成で侵入のリスクを回避・排除しているとしても，保守を100パーセント図書館でまかないきれない以上，そこにリスクが存在しています。委託先の作業内容や手順に不備があれば，図書館から持ち出されたデータが盗難にあったり事故により毀損されたりすることもあります。

　また，コンピュータウイルスに感染することでコンピュー

タ内の特定の場所にあるファイルがインターネット上に抜き出されるというようなこともあります。特にいわゆるファイル交換ソフトをインストールしたコンピュータがウイルスに感染したことによる個人情報流出事故は，近年頻繁に発生しています。業務用の端末にファイル交換ソフトが入ることはあまりないといえますが，データを持ち出した先のコンピュータも当然安全管理義務の対象となります。

○図書館外にサーバがある場合

　サーバを図書館で管理しているとは限りません。大学図書館や学校図書館などでは利用者データベースや貸出記録を含んだ図書館システムのサーバが図書館の外部（たとえば情報センターやサーバ室など）にある場合もあります。

　その場合の注意事項としては，①アプリケーション（利用者登録／検索システムや貸出システムなど）の操作の権限を図書館外のサーバ管理者に与えない，②内部に入っているデータが保護されるべき重要なプライバシー情報および個人情報であることを説明し，（学内組織であれ学外機関であれ）守秘義務を約束するなど対策をしておくべきでしょう。

　ASP（Application Service Provider）などのように，サーバを外部に預けている場合は，いうまでもなく委託契約を確認する必要があります。

4.6 端末

　図書館で利用者に開放している端末（コンピュータ類）については，その利用の記録（ログ）もまた図書館の利用実績といえます。また，業務用端末にも個人情報が蓄積されていることがあります。

○利用者用端末のログ

　利用者に開放してインターネットを閲覧させる端末の場合，特別な対策をとっていなければ一度見たページのアドレス（URL）やファイルのコピーは一時的にコンピュータに記録（キャッシュ）されています。これらもまた，利用記録であるといえるでしょう。直前，あるいは以前の利用者がなにを閲覧していたか，簡単な操作で過去にどんなページが閲覧されていたか判明してしまいますから，ここからプライバシーが流出するおそれがあります。

　その情報を保護することは図書館の自由を守ることでもありますし，最近はインターネットカフェなどの公衆的な端末における「キーロガー（キーボードを打鍵した記録をもとにIDやパスワード，クレジット番号などを盗み出す仕掛け）」や「スパイウェア（個人情報や履歴などを盗み出す仕掛け）」に関する話題も珍しくなくなってきています。

　キャッシュの消去もまた簡単な方法で行うことができますが，最低でも一日ごと，可能であれば利用者が席を離れるたびに利用記録（ログ）を消去し，また，コンピュータウイルスや不正な動きをするプログラム類を検知・除去する仕組み（ウイルス対策ソフトやリカバリーソフトを設定するなど）

を取り入れるべきでしょう。再起動やユーザーのログオフをするたびに、指定した時点の設定にコンピュータを復旧させることができる便利な機能です。

○業務用端末のセキュリティ

　図書館システムはネットワークで動くことが多いため、業務用の各端末もまたネットワーク（LAN）で結ばれていることが多いものです。スタッフが常駐していない箇所に図書館システムや図書館の業務ネットワークにアクセスできる端末を置くことは、個人情報の漏洩につながる危険がありますから可能な限り避けるべきでしょう。もちろん、パスワードによる保護も必要です。

　個々のスタッフについては、できるだけ端末のハードディスクに個人情報を含んだファイルを置かず、ネットワーク上のドライブや外部記憶装置（リムーバブルストレージ）など、端末単体の外側に保管しておくべきでしょう。リムーバブルストレージには、HDDなどある程度大型のものから、メモリカードやメモリスティックなど小型のメディアまでさまざまあります。

　しかし、最近増えているのはこれらリムーバブルメディアを紛失し、そこから個人情報が漏れる事件や事故です。これらのメディアは年々安価になり、利用も簡単であることから利用する人が増えています。

　業務にかかわる個人情報が含まれているメディアは図書館外に持ち出さないこと、私物のメディアについては運用のルールを設けるなど、スタッフの意識統一が重要でしょう。

○シンクライアント

　個人情報保護やコンピュータウイルス対策などから注目されはじめているのがシンクライアント（Thin Client）です。シンクライアントは個々のハードディスクやアプリケーション，データを持たない端末であり，よって端末からの個人情報・プライバシーの漏洩防止がより確実になります。また，端末からのウイルス感染の心配もほとんどなく，保守が容易であることから注目を集めています。

　利用者用・業務用とを問わず，個人情報保護には大きな役割を果たすでしょう。

> チョット
> ひとやすみ

コラム

システムは「人しだい」

　図書館システムに限らず,コンピュータシステムには本来データの漏洩や紛失について何らかの安全措置がとられており,システムそれ自体が勝手にデータを漏洩させるようなことはないはずです。

　しかし,結局漏洩事故や事件が起きてしまうのは,システムを設計する人,設定する人,そして使う人の「どこかの段階」で何らかの間違いが起こっているからであり,そして問題のほとんどは「使う人」が起こすものなのです。

5 心がけるべきこと

5.1 個人情報保護のアピール

　図書館における個人情報の保護，特に利用者情報の取り扱いについては，前にも述べたように自由宣言を守ることで達成されます。

　しかし，社会での個人情報に対する考え方が過敏になっている状況では，図書館が利用者の信用と安心を得るためには利用者の個人情報とプライバシーを保護することについてアピールする必要があるでしょう。

　登録するために個人情報を書き込むことに始まり，一冊一冊の本を借りるという行為を通じて（意識しているかどうかは別にして）自分の思想・趣味・嗜好を図書館に預けている利用者に対し，その秘密は決して第三者に明らかにしない，ということをどうアピールするか。

　58ページでも述べましたが，自由宣言だけではなく図書館独自の個人情報保護方針(ポリシー)を整えることはスタッフの意識を統一するという意味においても重要です。

　保護方針の作成や公表は法令で義務づけられたものではありません。しかし，政府の基本方針としては推奨されているものですし，可能な限り整えるべきものでしょう。

その内容は高尚なものである必要も，厳格なものである必要もありません。むしろ厳格であればあるほど理解するのも守ることも困難なルールに陥ってしまいます。

　盛り込むべきポイントは，①その図書館が適用を受ける個人情報保護法制および関連法令と，自由宣言を遵守することの宣言，②自由宣言における利用者の秘密を守ることの宣言，③安全管理措置および開示などに関する宣言や説明，④個人情報保護のための内部管理体制（コンプライアンス・プログラム）について継続的に改善することの宣言，などが挙げられるでしょう。

　特に「利用者の登録情報，読書事実および利用事実を図書館外に漏らさない」ということと「図書館は資料収集・提供の自由を守り，知る自由を保障する機関である」ということは，図書館が個人情報を守る機関として先駆的存在であったことを示す非常に大きな要素です。利用者に対するのも当然ですが，図書館外の各部署に対しても同様のアピールをすることの意義も大きなものがあります。

　個人情報保護方針（ポリシー）を公示する場所としては，利用者の誰もが目にすることができる場所である必要があります。

　まずエントランス（出入口）付近（58ページ参照）や図書館のホームページ（特にトップページからすぐ参照できる位置）であれば十分効果的であるといえるでしょう。それ以外にも，利用案内（32ページ参照）やカウンター付近などが挙げられます。

5.2 スタッフの教育・研修

　本書ではここまで意図的に図書館業務に携わる人のことを「スタッフ」と呼んできました。法令の用語では「従業者」と読み替えることができますが、司書資格や図書館業務の経験の有無、身分や立場を超えて、図書館の業務に携わる人を総称したものです。

　図書館における個人情報の保護は一般企業などのそれと若干異なり、範囲が広かったり保護の基準が異なっていたりなど、やや特殊な研修が必要となります。
　いうまでもなくその要点は「図書館の自由に関する宣言」にあります。特に司書資格を有しない人にとって、自由宣言の持っている「意味」を理解するには相応の経験が必要となるでしょう。
　しかし、現在の図書館界においては館種を問わず職員の非専任化や業務委託・派遣職員・指定管理者の導入、頻繁な他部署との異動による経験の不足やいわゆる団塊の世代の退職時期など、図書館からこういった経験を得る機会がどんどん失われていっているのが現状です。
　経験の浅いスタッフで館を運営するにはマニュアル類に頼るほかなく、結果として「なぜ利用者情報・プライバシーを守らなくてはいけないのか」ということの本質をつかまないままに「利用者のプライバシーを守る」という決まりきった業務の「手順」だけが残ることになるのです。

　図書館では個人情報保護制度についての研修だけでなく、

図書館の自由に関する研修を併せることが重要な意味を持っています。

逆に，図書館の自由に関する知識や経験だけでは十分な対応ができないこともまた事実です。特に冒頭で述べたような保護法制の適用関係を把握していないと，自館で判断・対応するときの手がかりをつかむことができなくなります。

教育・研修はむろん図書館ボランティア，学校図書館における図書委員の生徒や大学図書館における学生アルバイトに対しても重要です。状況によってはマニュアルの次元で対応せざるを得ないこともありますが，そのマニュアルを整備するだけの力が図書館の専任スタッフには求められるのです。

5.3 心がまえ

　ここまで述べてきたことの大部分は，いまさらいわれるまでもない，いわば「当たり前」のことのようなものばかりでした。当たり前と思われるものだからこそ，携わるスタッフの意識もそう高くはならず，高まるのは警戒心ばかりです。

　警戒心が先行しては，満足なサービスが提供できるはずもありません。批判を恐れて名簿の類を書架から撤去したり，効果を持っていた利用者名の掲示を取りやめたり，とにかく「無難」な対応をとろうとすることになります。

　警戒心だけが高まっても現場の意識が低いから，個人情報の流出事件は後を絶ちません。むしろ社会的には法施行からいっそう増えた印象があります。本書の編集中にも，システムの設定ミスから図書館利用者の予約データが他の利用者に見えてしまうという事故が発生してしまいました。このほかにも，「はじめに」で述べたような図書館界の事件・事故はいつ起きても不思議ではありません。

　個人情報保護制度については世間的にも過剰反応である，という意見も出始めました。とにかく大事なことは，利用者情報を取り扱うのに無意味な決裁手続きをかけるような見せかけだけの保護体制づくりや，名簿などに過剰な提供制限をかけて利用者の便宜を損なうような「過保護」に陥らないことでしょう。

　いくら図書館として保護体制を整えたりポリシーを打ち立てたりしてみても，実際に情報を扱うのは個々のスタッフなのです。

資料編

図書館の自由に関する宣言　1979年改訂

社団法人　日本図書館協会
(1979 年 5 月 30 日　総会決議)

図書館は，基本的人権のひとつとして知る自由をもつ国民に，資料と施設を提供することを，もっとも重要な任務とする。

1　日本国憲法は主権が国民に存するとの原理にもとづいており，この国民主権の原理を維持し発展させるためには，国民ひとりひとりが思想・意見を自由に発表し交換すること，すなわち表現の自由の保障が不可欠である。

　　知る自由は，表現の送り手に対して保障されるべき自由と表裏一体をなすものであり，知る自由の保障があってこそ表現の自由は成立する。

　　知る自由は，また，思想・良心の自由をはじめとして，いっさいの基本的人権と密接にかかわり，それらの保障を実現するための基礎的な要件である。それは，憲法が示すように，国民の不断の努力によって保持されなければならない。

2　すべての国民は，いつでもその必要とする資料を入手し利用する権利を有する。この権利を社会的に保障することは，すなわち知る自由を保障することである。図書館は，まさにこのことに責任を負う機関である。

3　図書館は，権力の介入または社会的圧力に左右されることなく，自らの責任にもとづき，図書館間の相互協力をふくむ図書館の総力をあげて，収集した資料と整備された施設を国民の利用に供するものである。

4　わが国においては，図書館が国民の知る自由を保障するのではなく，国民に対する「思想善導」の機関として，国民の知る自由を妨げる役割さえ果たした歴史的事実があることを忘れてはならない。図書館は，この反省の上に，国民の知る自由を守り，ひろ

げていく責任を果たすことが必要である。
5 すべての国民は，図書館利用に公平な権利をもっており，人種，信条，性別，年齢やそのおかれている条件等によっていかなる差別もあってはならない。

 外国人にも，その権利は保障される。
6 ここに掲げる「図書館の自由」に関する原則は，国民の知る自由を保障するためであって，すべての図書館に基本的に妥当するものである。

この任務を果たすため，図書館は次のことを確認し実践する。

第1　図書館は資料収集の自由を有する。
1 図書館は，国民の知る自由を保障する機関として，国民のあらゆる資料要求にこたえなければならない。
2 図書館は，自らの責任において作成した収集方針にもとづき資料の選択および収集を行う。

 その際，
 (1) 多様な，対立する意見のある問題については，それぞれの観点に立つ資料を幅広く収集する。
 (2) 著者の思想的，宗教的，党派的立場にとらわれて，その著作を排除することはしない。
 (3) 図書館員の個人的な関心や好みによって選択をしない。
 (4) 個人・組織・団体からの圧力や干渉によって収集の自由を放棄したり，紛糾をおそれて自己規制したりはしない。
 (5) 寄贈資料の受入れにあたっても同様である。
   図書館の収集した資料がどのような思想や主張をもっていようとも，それを図書館および図書館員が支持することを意味するものではない。
3 図書館は，成文化された収集方針を公開して，広く社会からの批判と協力を得るようにつとめる。

第2 図書館は資料提供の自由を有する。
1 国民の知る自由を保障するため,すべての図書館資料は,原則として国民の自由な利用に供されるべきである。

図書館は,正当な理由がないかぎり,ある種の資料を特別扱いしたり,資料の内容に手を加えたり,書架から撤去したり,廃棄したりはしない。

提供の自由は,次の場合にかぎって制限されることがある。これらの制限は,極力限定して適用し,時期を経て再検討されるべきものである。
 (1) 人権またはプライバシーを侵害するもの。
 (2) わいせつ出版物であるとの判決が確定したもの。
 (3) 寄贈または寄託資料のうち,寄贈者または寄託者が公開を否とする非公刊資料。
2 図書館は,将来にわたる利用に備えるため,資料を保存する責任を負う。図書館の保存する資料は,一時的な社会的要請,個人・組織・団体からの圧力や干渉によって廃棄されることはない。
3 図書館の集会室等は,国民の自主的な学習や創造を援助するために,身近にいつでも利用できる豊富な資料が組織されている場にあるという特徴をもっている。

図書館は,集会室等の施設を,営利を目的とする場合を除いて,個人,団体を問わず公平な利用に供する。
4 図書館の企画する集会や行事等が,個人・組織・団体からの圧力や干渉によってゆがめられてはならない。

第3 図書館は利用者の秘密を守る。
1 読者が何を読むかはその人のプライバシーに属することであり,図書館は,利用者の読書事実を外部に漏らさない。ただし,憲法第35条にもとづく令状を確認した場合は例外とする。
2 図書館は,読書記録以外の図書館の利用事実に関しても,利用者のプライバシーを侵さない。

3 利用者の読書事実，利用事実は，図書館が業務上知り得た秘密であって，図書館活動に従事するすべての人びとは，この秘密を守らなければならない。

第4 図書館はすべての検閲に反対する。

1 検閲は，権力が国民の思想・言論の自由を抑圧する手段として常用してきたものであって，国民の知る自由を基盤とする民主主義とは相容れない。

　検閲が，図書館における資料収集を事前に制約し，さらに，収集した資料の書架からの撤去，廃棄に及ぶことは，内外の苦渋にみちた歴史と経験により明らかである。

　したがって，図書館はすべての検閲に反対する。

2 検閲と同様の結果をもたらすものとして，個人・組織・団体からの圧力や干渉がある。図書館は，これらの思想・言論の抑圧に対しても反対する。

3 それらの抑圧は，図書館における自己規制を生みやすい。しかし図書館は，そうした自己規制におちいることなく，国民の知る自由を守る。

図書館の自由が侵されるとき，われわれは団結して，あくまで自由を守る。

1 図書館の自由の状況は，一国の民主主義の進展をはかる重要な指標である。図書館の自由が侵されようとするとき，われわれ図書館にかかわるものは，その侵害を排除する行動を起こす。このためには，図書館の民主的な運営と図書館員の連帯の強化を欠かすことができない。

2 図書館の自由を守る行動は，自由と人権を守る国民のたたかいの一環である。われわれは，図書館の自由を守ることで共通の立場に立つ団体・機関・人びとと提携して，図書館の自由を守りぬく責任をもつ。

3 図書館の自由に対する国民の支持と協力は，国民が，図書館活動を通じて図書館の自由の尊さを体験している場合にのみ得られる。われわれは，図書館の自由を守る努力を不断に続けるものである。

4 図書館の自由を守る行動において，これにかかわった図書館員が不利益をうけることがあってはならない。これを未然に防止し，万一そのような事態が生じた場合にその救済につとめることは，日本図書館協会の重要な責務である。

貸出業務へのコンピュータ導入に伴う個人情報の保護に関する基準

社団法人　日本図書館協会
1984 年 5 月 25 日　総会採択

　私たちは「図書館の自由に関する宣言　1979 年改訂」において,「図書館は利用者の秘密を守る」ことを誓約した。さらに, 1980 年 5 月に採択した「図書館員の倫理綱領」においても, このことを図書館員個々の共通の責務として明らかにした。

　近年, 各図書館においてコンピュータがひろく導入され, 貸出業務の機械化が進行している。これに伴って他の行政分野におけると同様, 個人情報がコンピュータによって記録・蓄積されることに, 利用者の関心が向けられつつある。

　コンピュータによる貸出しに関する記録は, 図書館における資料管理の一環であって, 利用者の管理のためではないことを確認し, そのことに必要な範囲の記録しか図書館には残さないことを明らかにして, 利用者の理解を得るよう努めなければならない。さらに, コンピュータのデータは図書館の責任において管理され, それが目的外に流用されたり, 外部に漏らされたりしないこと, そのために必要な方策を十分整備することがぜひ必要である。

　コンピュータ導入は, 大量の事務処理を効率的に行う手段であって, この手段をいかに運用するかは図書館の責任である。いかなる貸出方式をとるにせよ, 利用者ひいては国民の読書の自由を守ることが前提でなければならないことを再確認し, その具体化にあたっては, 以下の基準によるべきことを提言する。

1　貸出しに関する記録は, 資料を管理するためのものであり, 利用者を管理するためのものではないことを前提にし, 個人情報が外部に漏れることのないコンピュータ・システムを構成しなけれ

ばならない。
2 データの処理は,図書館内部で行うことが望ましい。
3 貸出記録のファイルと登録者のファイルの連結は,資料管理上必要な場合のみとする。
4 貸出記録は,資料が返却されたらできるだけすみやかに消去しなければならない。
5 登録者の番号は,図書館で独自に与えるべきである。住民基本台帳等の番号を利用することはしない。
6 登録者に関するデータは,必要最小限に限るものとし,その内答およびそれを利用する範囲は,利用者に十分周知しなければならない。

　利用者の求めがあれば,当人に関する記録を開示しなければならない。

「貸出業務へのコンピュータ導入に伴う個人情報の保護に関する基準」についての委員会見解

図書館の自由に関する調査委員会

日本図書館協会は，1984年5月25日の総会において「貸出業務へのコンピュータ導入に伴う個人情報の保護に関する基準」を採択した。

この基準の検討過程で問題となった論点について，委員会の見解を表明しておきたい。

1 データ処理の外部委託について

貸出しが図書館奉仕の中核的業務として確認されてきたなかで，貸出記録が資料の貸借関係終了後は図書館に残らない方式が，利用者の読書の自由を保障するために重要であることが確認され，ひろく利用者の支持を得てきた。

この利用者のプライバシー保護の原則は，コンピュータが貸出業務に導入されることになっても，これまでと同様に守られなければならない。したがって，貸出記録が外部に漏れるのを防ぐためコンピュータによる貸出記録の処理は，本来図書館内で行なわれるべきものである。

しかしながら，コンピュータの急激な普及に伴い，その保守・運用にあたる態勢が十分に整わないとか，大型機器採用の経済性を重視するなどの理由から，データ処理業務の一部を外部機関にゆだねたり，民間業者に委託したりする事例が生じている。さきに述べた理由から，貸出の処理を委託することは望ましいことではないが，過渡期において一時的にそうした方式を採用することが起こりうる。

委員会としては，貸出記録の処理は図書館の責任において館内で行うことを原則とし，これを可能にする方式を追求すべきであると考える。

もし，やむを得ず委託する場合には，委託契約等に厳格な守秘義務を明記することを条件とし，できるだけ早い機会に館内処理に移行するよう措置することを希望する。

2　貸出利用者のコードの決め方について

　貸出業務のなかでは，利用者をコードで表示するのが一般的であるが，基準ではそのコードには図書館が独自にあたえたものを採用することにしている。

　これは，貸出記録を資料管理の目的以外には使用せず，また貸出記録のファイルを他の個人別データ・ファイルと連結利用することを不可能として，利用者のプライバシーを最大限に保護しようという趣旨である。

　基準検討のさい論議された大学図書館等において学籍番号を利用者コードとして利用することは，この番号が教務記録その他学生管理に使用することを目的としたものである点からみて，委員会としては上記の趣旨にそわないものであると考える。

(『図書館と自由　第6集』日本図書館協会　1984.10)

個人情報保護と日本目録規則(NCR)との関係について

平成 17 年 6 月 11 日
日本図書館協会目録委員会

　高度情報化社会における個人情報（特定の個人を識別できる情報）の有用性に鑑み，その適切な保護をめざす個人情報保護関連五法が平成 17 年 4 月 1 日から全面的に施行されました。それとともに，地方公共団体の個人情報保護条例などの整備も一段と進展しております。図書館が利用者の資料検索のために作成・提供している目録および典拠ファイル等（以下「目録等」という。）は，その内容と機能，また規模の点からみて，これらの法律で規定するいわゆる「個人情報ファイル」や「個人情報データベース等」（個別の法令によって呼称が異なるが，以下「個人情報ファイル」という。生存する個人に関する情報で特定の個人を識別でき，個人情報を体系的に構成し検索可能にしたもの）にあたります。このため，これらの作成・提供については個人情報を保護する法令の趣旨に沿った対応が必要です。そこで本委員会としても，個人情報保護に関する法令と日本目録規則（NCR）との関係を整理しました。各図書館が目録等の作成・提供する上で，参考になさってください。

　なお，この法令の体系は，それぞれの図書館の設置根拠によって適用が異なるというきわめて複雑なものとなっておりますので，ここでは，主として公的部門（行政機関等個人情報保護法が適用される国の行政機関や独立行政法人，ならびに個人情報保護に関する条例を制定する地方公共団体）に属する図書館，および個人情報保護法が適用される民間部門のうち民法法人や私立学校等に属し法令（これらの図書館は，「図書館法」等によって，図書館資料を収集・整理・保存して一般公衆の利用に供するということを目的とする施設と規定されている。）に基づき，個人情報の提供や第三者提供の制限の適用除外を受ける図書館を中心に述べています。これらに含ま

れない民間部門に属する図書館（営利企業に属する図書館など）については，ここで述べる義務規定の適用除外を受けられず，個人情報の取扱にあたっての義務が課されますので，それぞれでご確認ください。

1. NCRには，著者名(片かなやローマ字で表記された読みを含む。)，および同名異人判別のための生没年，職業，専門分野，世系等の個人を識別するための個人情報を設定する条項が存在します（第23章著者標目および第1章から第13章にいたる記述各章，ならびに第24章件名標目）。

① 個人情報を公刊物から採取して目録レコードに転記した場合には，行政機関等個人情報保護法が適用される図書館においては，本人から直接書面で取得したわけではないので利用目的を明示する必要はなく，それを公表することについても法令に基づく提供として基本的には問題は生じません。なお，行政機関等個人情報保護法にいう公刊物とは，「官報，白書，新聞，雑誌，書籍その他不特定多数の者に販売することを目的として発行されるもの」をいいます。したがってこの範囲には，当該の著書だけでなく，販売することを目的として公刊された参考図書やデータベースなども入ります。

　一方，個人情報保護法が適用される，私的部門に属する図書館においては，公刊物であるか否かを問わず個人情報を取り扱うにあたって利用目的を特定し，「第三者提供」を行うにあたっては本人の同意を取得することが義務づけられています。しかし，図書館における提供は法令の定める第三者提供の制限を受けません。
② 公刊物以外の情報源から取得した個人情報で，本人の同意を得ていない個人情報については，採取して目録レコードを作成することは可能ですが，その部分を公表することはできません*。

また本人の同意を得て採取された個人情報でも，目録等として公表するとの同意を得ていない場合には，それを公表はできません。その結果たとえば，同名異人であっても生年月日や人名の読みなどの識別項目（ID番号を含む。）を目録等に示すことができない場合が出てきます。
③　他の情報を組み合わせることによって，特定の個人の識別が可能となるような情報の編集（匿名作品の著者名へのリンクなど）は，参考図書・データベース等の公刊物によって取得した情報によるか，本人の同意を得た情報による以外は，行うことはできません。

* 目録規則には従来，いわゆる入力形（ファイルでの形）と出力形（利用者が閲覧する，公表の形）との区分についての規定はなく，カード体目録等の伝統により両者は基本的に同一と扱われてきましたが，機械可読目録導入後これらが分離し別のものであると意識されるようになっております。この場合については，ファイルでの形と出力形が異なったものとなることがあり，別々に運用する必要があります。

2. 目録等の作成・提供に関して，業務委託（一部または全部）をしている場合，図書館には委託している目録等の個人情報ファイルを適切に管理する責任があるとともに，それを委託処理のために提供する委託先を監督する責任があります。

3. 目録等の個人情報ファイルの保持については，それぞれの図書館に適用される各法令に則り，情報の適正な取得，正確性の確保，漏洩防止等の安全管理措置，個人情報ファイル簿の作成と公表や保有個人データに関する事項の周知，本人の開示請求と個人情報の内容が間違っている場合の訂正請求への対応などが義務づけられます。

個人情報の保護に関する法律 （抜粋）

(平成 15 年法律第 57 号)

第1章　総則
(目的)
第1条　この法律は，高度情報通信社会の進展に伴い個人情報の利用が著しく拡大していることにかんがみ，個人情報の適正な取扱いに関し，基本理念及び政府による基本方針の作成その他の個人情報の保護に関する施策の基本となる事項を定め，国及び地方公共団体の責務等を明らかにするとともに，個人情報を取り扱う事業者の遵守すべき義務等を定めることにより，個人情報の有用性に配慮しつつ，個人の権利利益を保護することを目的とする。

(定義)
第2条　この法律において「個人情報」とは，生存する個人に関する情報であって，当該情報に含まれる氏名，生年月日その他の記述等により特定の個人を識別することができるもの（他の情報と容易に照合することができ，それにより特定の個人を識別することができることとなるものを含む。）をいう。

2　この法律において「個人情報データベース等」とは，個人情報を含む情報の集合物であって，次に掲げるものをいう。
　一　特定の個人情報を電子計算機を用いて検索することができるように体系的に構成したもの
　二　前号に掲げるもののほか，特定の個人情報を容易に検索することができるように体系的に構成したものとして政令で定めるもの

3　この法律において「個人情報取扱事業者」とは，個人情報データベース等を事業の用に供している者をいう。ただし，次に掲げる者を除く。
　一　国の機関

二　地方公共団体
三　独立行政法人等（独立行政法人等の保有する個人情報の保護に関する法律（平成15年法律第59号）第2条第1項に規定する独立行政法人等をいう。以下同じ。）
四　地方独立行政法人（地方独立行政法人法（平成15年法律第118号）第2条第1項に規定する地方独立行政法人をいう。以下同じ。）
五　その取り扱う個人情報の量及び利用方法からみて個人の権利利益を害するおそれが少ないものとして政令で定める者

4　この法律において「個人データ」とは、個人情報データベース等を構成する個人情報をいう。

5　この法律において「保有個人データ」とは、個人情報取扱事業者が、開示、内容の訂正、追加又は削除、利用の停止、消去及び第三者への提供の停止を行うことのできる権限を有する個人データであって、その存否が明らかになることにより公益その他の利益が害されるものとして政令で定めるもの又は1年以内の政令で定める期間以内に消去することとなるもの以外のものをいう。

6　この法律において個人情報について「本人」とは、個人情報によって識別される特定の個人をいう。

(基本理念)

第3条　個人情報は、個人の人格尊重の理念の下に慎重に取り扱われるべきものであることにかんがみ、その適正な取扱いが図られなければならない。

第2章　国及び地方公共団体の責務等 （第4条～第6条）
（省略）

第3章　個人情報の保護に関する施策等 （第7条～第14条）
（省略）

第4章　個人情報取扱事業者の義務等
第1節　個人情報取扱事業者の義務
(利用目的の特定)

第15条　個人情報取扱事業者は，個人情報を取り扱うに当たっては，その利用の目的（以下「利用目的」という。）をできる限り特定しなければならない。

2　個人情報取扱事業者は，利用目的を変更する場合には，変更前の利用目的と相当の関連性を有すると合理的に認められる範囲を超えて行ってはならない。

(利用目的による制限)

第16条　個人情報取扱事業者は，あらかじめ本人の同意を得ないで，前条の規定により特定された利用目的の達成に必要な範囲を超えて，個人情報を取り扱ってはならない。

2　個人情報取扱事業者は，合併その他の事由により他の個人情報取扱事業者から事業を承継することに伴って個人情報を取得した場合は，あらかじめ本人の同意を得ないで，承継前における当該個人情報の利用目的の達成に必要な範囲を超えて，当該個人情報を取り扱ってはならない。

3　前二項の規定は，次に掲げる場合については，適用しない。

一　法令に基づく場合

二　人の生命，身体又は財産の保護のために必要がある場合であって，本人の同意を得ることが困難であるとき。

三　公衆衛生の向上又は児童の健全な育成の推進のために特に必要がある場合であって，本人の同意を得ることが困難であるとき。

四　国の機関若しくは地方公共団体又はその委託を受けた者が法令の定める事務を遂行することに対して協力する必要がある場合であって，本人の同意を得ることにより当該事務の遂行に支障を及ぼすおそれがあるとき。

(適正な取得)

第17条 個人情報取扱事業者は，偽りその他不正の手段により個人情報を取得してはならない。

(取得に際しての利用目的の通知等)

第18条 個人情報取扱事業者は，個人情報を取得した場合は，あらかじめその利用目的を公表している場合を除き，速やかに，その利用目的を，本人に通知し，又は公表しなければならない。

2　個人情報取扱事業者は，前項の規定にかかわらず，本人との間で契約を締結することに伴って契約書その他の書面（電子的方式，磁気的方式その他人の知覚によっては認識することができない方式で作られる記録を含む。以下この項において同じ。）に記載された当該本人の個人情報を取得する場合その他本人から直接書面に記載された当該本人の個人情報を取得する場合は，あらかじめ，本人に対し，その利用目的を明示しなければならない。ただし，人の生命，身体又は財産の保護のために緊急に必要がある場合は，この限りでない。

3　個人情報取扱事業者は，利用目的を変更した場合は，変更された利用目的について，本人に通知し，又は公表しなければならない。

4　前三項の規定は，次に掲げる場合については，適用しない。

一　利用目的を本人に通知し，又は公表することにより本人又は第三者の生命，身体，財産その他の権利利益を害するおそれがある場合

二　利用目的を本人に通知し，又は公表することにより当該個人情報取扱事業者の権利又は正当な利益を害するおそれがある場合

三　国の機関又は地方公共団体が法令の定める事務を遂行することに対して協力する必要がある場合であって，利用目的を本人に通知し，又は公表することにより当該事務の遂行に支障を及ぼすおそれがあるとき。

四　取得の状況からみて利用目的が明らかであると認められる場合

(データ内容の正確性の確保)

第19条 個人情報取扱事業者は,利用目的の達成に必要な範囲内において,個人データを正確かつ最新の内容に保つよう努めなければならない。

(安全管理措置)

第20条 個人情報取扱事業者は,その取り扱う個人データの漏えい,滅失又はき損の防止その他の個人データの安全管理のために必要かつ適切な措置を講じなければならない。

(従業者の監督)

第21条 個人情報取扱事業者は,その従業者に個人データを取り扱わせるに当たっては,当該個人データの安全管理が図られるよう,当該従業者に対する必要かつ適切な監督を行わなければならない。

(委託先の監督)

第22条 個人情報取扱事業者は,個人データの取扱いの全部又は一部を委託する場合は,その取扱いを委託された個人データの安全管理が図られるよう,委託を受けた者に対する必要かつ適切な監督を行わなければならない。

(第三者提供の制限)

第23条 個人情報取扱事業者は,次に掲げる場合を除くほか,あらかじめ本人の同意を得ないで,個人データを第三者に提供してはならない。

一 法令に基づく場合

二 人の生命,身体又は財産の保護のために必要がある場合であって,本人の同意を得ることが困難であるとき。

三 公衆衛生の向上又は児童の健全な育成の推進のために特に必要がある場合であって,本人の同意を得ることが困難であるとき。

四 国の機関若しくは地方公共団体又はその委託を受けた者が法令の定める事務を遂行することに対して協力する必要がある場

合であって，本人の同意を得ることにより当該事務の遂行に支障を及ぼすおそれがあるとき。
2　個人情報取扱事業者は，第三者に提供される個人データについて，本人の求めに応じて当該本人が識別される個人データの第三者への提供を停止することとしている場合であって，次に掲げる事項について，あらかじめ，本人に通知し，又は本人が容易に知り得る状態に置いているときは，前項の規定にかかわらず，当該個人データを第三者に提供することができる。
　一　第三者への提供を利用目的とすること。
　二　第三者に提供される個人データの項目
　三　第三者への提供の手段又は方法
　四　本人の求めに応じて当該本人が識別される個人データの第三者への提供を停止すること。
3　個人情報取扱事業者は，前項第2号又は第3号に掲げる事項を変更する場合は，変更する内容について，あらかじめ，本人に通知し，又は本人が容易に知り得る状態に置かなければならない。
4　次に掲げる場合において，当該個人データの提供を受ける者は，前三項の規定の適用については，第三者に該当しないものとする。
　一　個人情報取扱事業者が利用目的の達成に必要な範囲内において個人データの取扱いの全部又は一部を委託する場合
　二　合併その他の事由による事業の承継に伴って個人データが提供される場合
　三　個人データを特定の者との間で共同して利用する場合であって，その旨並びに共同して利用される個人データの項目，共同して利用する者の範囲，利用する者の利用目的及び当該個人データの管理について責任を有する者の氏名又は名称について，あらかじめ，本人に通知し，又は本人が容易に知り得る状態に置いているとき。
5　個人情報取扱事業者は，前項第3号に規定する利用する者の利用目的又は個人データの管理について責任を有する者の氏名若し

くは名称を変更する場合は，変更する内容について，あらかじめ，本人に通知し，又は本人が容易に知り得る状態に置かなければならない。

(保有個人データに関する事項の公表等)

第24条 個人情報取扱事業者は，保有個人データに関し，次に掲げる事項について，本人の知り得る状態（本人の求めに応じて遅滞なく回答する場合を含む。）に置かなければならない。

一 当該個人情報取扱事業者の氏名又は名称

二 すべての保有個人データの利用目的（第18条第4項第1号から第3号までに該当する場合を除く。）

三 次項，次条第1項，第26条第1項又は第27条第1項若しくは第2項の規定による求めに応じる手続（第30条第2項の規定により手数料の額を定めたときは，その手数料の額を含む。）

四 前三号に掲げるもののほか，保有個人データの適正な取扱いの確保に関し必要な事項として政令で定めるもの

2 個人情報取扱事業者は，本人から，当該本人が識別される保有個人データの利用目的の通知を求められたときは，本人に対し，遅滞なく，これを通知しなければならない。ただし，次の各号のいずれかに該当する場合は，この限りでない。

一 前項の規定により当該本人が識別される保有個人データの利用目的が明らかな場合

二 第18条第4項第1号から第3号までに該当する場合

3 個人情報取扱事業者は，前項の規定に基づき求められた保有個人データの利用目的を通知しない旨の決定をしたときは，本人に対し，遅滞なく，その旨を通知しなければならない。

(開示)

第25条 個人情報取扱事業者は，本人から，当該本人が識別される保有個人データの開示（当該本人が識別される保有個人データが存在しないときにその旨を知らせることを含む。以下同じ。）を求められたときは，本人に対し，政令で定める方法により，遅滞

なく，当該保有個人データを開示しなければならない。ただし，開示することにより次の各号のいずれかに該当する場合は，その全部又は一部を開示しないことができる。

一　本人又は第三者の生命，身体，財産その他の権利利益を害するおそれがある場合
二　当該個人情報取扱事業者の業務の適正な実施に著しい支障を及ぼすおそれがある場合
三　他の法令に違反することとなる場合

2　個人情報取扱事業者は，前項の規定に基づき求められた保有個人データの全部又は一部について開示しない旨の決定をしたときは，本人に対し，遅滞なく，その旨を通知しなければならない。

3　他の法令の規定により，本人に対し第1項本文に規定する方法に相当する方法により当該本人が識別される保有個人データの全部又は一部を開示することとされている場合には，当該全部又は一部の保有個人データについては，同項の規定は，適用しない。

(訂正等)

第26条　個人情報取扱事業者は，本人から，当該本人が識別される保有個人データの内容が事実でないという理由によって当該保有個人データの内容の訂正，追加又は削除（以下この条において「訂正等」という。）を求められた場合には，その内容の訂正等に関して他の法令の規定により特別の手続が定められている場合を除き，利用目的の達成に必要な範囲内において，遅滞なく必要な調査を行い，その結果に基づき，当該保有個人データの内容の訂正等を行わなければならない。

2　個人情報取扱事業者は，前項の規定に基づき求められた保有個人データの内容の全部若しくは一部について訂正等を行ったとき，又は訂正等を行わない旨の決定をしたときは，本人に対し，遅滞なく，その旨（訂正等を行ったときは，その内容を含む。）を通知しなければならない。

(利用停止等)

第27条 個人情報取扱事業者は，本人から，当該本人が識別される保有個人データが第16条の規定に違反して取り扱われているという理由又は第17条の規定に違反して取得されたものであるという理由によって，当該保有個人データの利用の停止又は消去（以下この条において「利用停止等」という。）を求められた場合であって，その求めに理由があることが判明したときは，違反を是正するために必要な限度で，遅滞なく，当該保有個人データの利用停止等を行わなければならない。ただし，当該保有個人データの利用停止等に多額の費用を要する場合その他の利用停止等を行うことが困難な場合であって，本人の権利利益を保護するため必要なこれに代わるべき措置をとるときは，この限りでない。

2 　個人情報取扱事業者は，本人から，当該本人が識別される保有個人データが第23条第1項の規定に違反して第三者に提供されているという理由によって，当該保有個人データの第三者への提供の停止を求められた場合であって，その求めに理由があることが判明したときは，遅滞なく，当該保有個人データの第三者への提供を停止しなければならない。ただし，当該保有個人データの第三者への提供の停止に多額の費用を要する場合その他の第三者への提供を停止することが困難な場合であって，本人の権利利益を保護するため必要なこれに代わるべき措置をとるときは，この限りでない。

3 　個人情報取扱事業者は，第1項の規定に基づき求められた保有個人データの全部若しくは一部について利用停止等を行ったとき若しくは利用停止等を行わない旨の決定をしたとき，又は前項の規定に基づき求められた保有個人データの全部若しくは一部について第三者への提供を停止したとき若しくは第三者への提供を停止しない旨の決定をしたときは，本人に対し，遅滞なく，その旨を通知しなければならない。

（理由の説明）
第28条 個人情報取扱事業者は，第24条第3項，第25条第2項，

第26条第2項又は前条第3項の規定により，本人から求められた措置の全部又は一部について，その措置をとらない旨を通知する場合又はその措置と異なる措置をとる旨を通知する場合は，本人に対し，その理由を説明するよう努めなければならない。

(開示等の求めに応じる手続)

第29条 個人情報取扱事業者は，第24条第2項，第25条第1項，第26条第1項又は第27条第1項若しくは第2項の規定による求め（以下この条において「開示等の求め」という。）に関し，政令で定めるところにより，その求めを受け付ける方法を定めることができる。この場合において，本人は，当該方法に従って，開示等の求めを行わなければならない。

2　個人情報取扱事業者は，本人に対し，開示等の求めに関し，その対象となる保有個人データを特定するに足りる事項の提示を求めることができる。この場合において，個人情報取扱事業者は，本人が容易かつ的確に開示等の求めをすることができるよう，当該保有個人データの特定に資する情報の提供その他本人の利便を考慮した適切な措置をとらなければならない。

3　開示等の求めは，政令で定めるところにより，代理人によってすることができる。

4　個人情報取扱事業者は，前三項の規定に基づき開示等の求めに応じる手続を定めるに当たっては，本人に過重な負担を課するものとならないよう配慮しなければならない。

(手数料)

第30条 個人情報取扱事業者は，第24条第2項の規定による利用目的の通知又は第25条第1項の規定による開示を求められたときは，当該措置の実施に関し，手数料を徴収することができる。

2　個人情報取扱事業者は，前項の規定により手数料を徴収する場合は，実費を勘案して合理的であると認められる範囲内において，その手数料の額を定めなければならない。

(個人情報取扱事業者による苦情の処理)

第31条 個人情報取扱事業者は，個人情報の取扱いに関する苦情の適切かつ迅速な処理に努めなければならない。
2　個人情報取扱事業者は，前項の目的を達成するために必要な体制の整備に努めなければならない。
第32条～第34条　（省略）
（主務大臣の権限の行使の制限）
第35条　主務大臣は，前三条の規定により個人情報取扱事業者に対し報告の徴収，助言，勧告又は命令を行うに当たっては，表現の自由，学問の自由，信教の自由及び政治活動の自由を妨げてはならない。
2　前項の規定の趣旨に照らし，主務大臣は，個人情報取扱事業者が第50条第1項各号に掲げる者（それぞれ当該各号に定める目的で個人情報を取り扱う場合に限る。）に対して個人情報を提供する行為については，その権限を行使しないものとする。
第36条～第49条　（省略）

第5章　雑則

（適用除外）
第50条　個人情報取扱事業者のうち次の各号に掲げる者については，その個人情報を取り扱う目的の全部又は一部がそれぞれ当該各号に規定する目的であるときは，前章の規定は，適用しない。
一　放送機関，新聞社，通信社その他の報道機関（報道を業として行う個人を含む。）　報道の用に供する目的
二　著述を業として行う者　著述の用に供する目的
三　大学その他の学術研究を目的とする機関若しくは団体又はそれらに属する者　学術研究の用に供する目的
四　宗教団体　宗教活動（これに付随する活動を含む。）の用に供する目的
五　政治団体　政治活動（これに付随する活動を含む。）の用に供する目的

2　前項第1号に規定する「報道」とは，不特定かつ多数の者に対して客観的事実を事実として知らせること（これに基づいて意見又は見解を述べることを含む。）をいう。
3　第1項各号に掲げる個人情報取扱事業者は，個人データの安全管理のために必要かつ適切な措置，個人情報の取扱いに関する苦情の処理その他の個人情報の適正な取扱いを確保するために必要な措置を自ら講じ，かつ，当該措置の内容を公表するよう努めなければならない。

第51条～第59条　（省略）

　　　附　則
（施行期日）
第1条　この法律は，公布の日から施行する。ただし，第4章から第6章まで及び附則第2条から第6条までの規定は，公布の日から起算して2年を超えない範囲内において政令で定める日［平成16年4月1日］から施行する。
（本人の同意に関する経過措置）
第2条　この法律の施行前になされた本人の個人情報の取扱いに関する同意がある場合において，その同意が第15条第1項の規定により特定される利用目的以外の目的で個人情報を取り扱うことを認める旨の同意に相当するものであるときは，第16条第1項又は第2項の同意があったものとみなす。
第3条　この法律の施行前になされた本人の個人情報の取扱いに関する同意がある場合において，その同意が第23条第1項の規定による個人データの第三者への提供を認める旨の同意に相当するものであるときは，同項の同意があったものとみなす。
（通知に関する経過措置）
第4条　第23条第2項の規定により本人に通知し，又は本人が容易に知り得る状態に置かなければならない事項に相当する事項について，この法律の施行前に，本人に通知されているときは，当

該通知は,同項の規定により行われたものとみなす。
第5条 第23条第4項第3号の規定により本人に通知し,又は本人が容易に知り得る状態に置かなければならない事項に相当する事項について,この法律の施行前に,本人に通知されているときは,当該通知は,同号の規定により行われたものとみなす。
第6条 (省略)

独立行政法人等の保有する個人情報の保護に関する法律 (抜粋)

(平成 15 年法律第 59 号)

第1章　総則

(目的)

第1条　この法律は，独立行政法人等において個人情報の利用が拡大していることにかんがみ，独立行政法人等における個人情報の取扱いに関する基本的事項を定めることにより，独立行政法人等の事務及び事業の適正かつ円滑な運営を図りつつ，個人の権利利益を保護することを目的とする。

(定義)

第2条　この法律において「独立行政法人等」とは，独立行政法人通則法 (平成 11 年法律第 103 号) 第 2 条第 1 項に規定する独立行政法人及び別表に掲げる法人をいう。

2　この法律において「個人情報」とは，生存する個人に関する情報であって，当該情報に含まれる氏名，生年月日その他の記述等により特定の個人を識別することができるもの (他の情報と照合することができ，それにより特定の個人を識別することができることとなるものを含む。) をいう。

3　この法律において「保有個人情報」とは，独立行政法人等の役員又は職員が職務上作成し，又は取得した個人情報であって，当該独立行政法人等の役員又は職員が組織的に利用するものとして，当該独立行政法人等が保有しているものをいう。ただし，独立行政法人等の保有する情報の公開に関する法律 (平成 13 年法律第 140 号) 第 2 条第 2 項に規定する法人文書 (同項第 3 号に掲げるものを含む。以下単に「法人文書」という。) に記録されているものに限る。

4　この法律において「個人情報ファイル」とは，保有個人情報を

含む情報の集合物であって,次に掲げるものをいう。
一 一定の事務の目的を達成するために特定の保有個人情報を電子計算機を用いて検索することができるように体系的に構成したもの
二 前号に掲げるもののほか,一定の事務の目的を達成するために氏名,生年月日,その他の記述等により特定の保有個人情報を容易に検索することができるように体系的に構成したもの
5 この法律において個人情報について「本人」とは,個人情報によって識別される特定の個人をいう。

第2章 独立行政法人等における個人情報の取扱い
(個人情報の保有の制限等)
第3条 独立行政法人等は,個人情報を保有するに当たっては,法令の定める業務を遂行するため必要な場合に限り,かつ,その利用の目的をできる限り特定しなければならない。
2 独立行政法人等は,前項の規定により特定された利用の目的(以下「利用目的」という。)の達成に必要な範囲を超えて,個人情報を保有してはならない。
3 独立行政法人等は,利用目的を変更する場合には,変更前の利用目的と相当の関連性を有すると合理的に認められる範囲を超えて行ってはならない。

(利用目的の明示)
第4条 独立行政法人等は,本人から直接書面(電子的方式,磁気的方式その他人の知覚によっては認識することができない方式で作られる記録(第24条及び第52条において「電磁的記録」という。)を含む。)に記録された当該本人の個人情報を取得するときは,次に掲げる場合を除き,あらかじめ,本人に対し,その利用目的を明示しなければならない。
一 人の生命,身体又は財産の保護のために緊急に必要があるとき。

二　利用目的を本人に明示することにより，本人又は第三者の生命，身体，財産その他の権利利益を害するおそれがあるとき。

三　利用目的を本人に明示することにより，国の機関，独立行政法人等，地方公共団体又は地方独立行政法人（地方独立行政法人法（平成15年法律第118号）第2条第1項に規定する地方独立行政法人をいう。以下同じ。）が行う事務又は事業の適正な遂行に支障を及ぼすおそれがあるとき。

四　取得の状況からみて利用目的が明らかであると認められるとき。

（適正な取得）

第5条　独立行政法人等は，偽りその他不正の手段により個人情報を取得してはならない。

（正確性の確保）

第6条　独立行政法人等は，利用目的の達成に必要な範囲内で，保有個人情報が過去又は現在の事実と合致するよう努めなければならない。

（安全確保の措置）

第7条　独立行政法人等は，保有個人情報の漏えい，滅失又はき損の防止その他の保有個人情報の適切な管理のために必要な措置を講じなければならない。

2　前項の規定は，独立行政法人等から個人情報の取扱いの委託を受けた者が受託した業務を行う場合について準用する。

（従事者の義務）

第8条　次に掲げる者は，その業務に関して知り得た個人情報の内容をみだりに他人に知らせ，又は不当な目的に利用してはならない。

一　個人情報の取扱いに従事する独立行政法人等の役員若しくは職員又はこれらの職にあった者

二　前条第2項の受託業務に従事している者又は従事していた者

（利用及び提供の制限）

第9条 独立行政法人等は，法令に基づく場合を除き，利用目的以外の目的のために保有個人情報を自ら利用し，又は提供してはならない。
2 　前項の規定にかかわらず，独立行政法人等は，次の各号のいずれかに該当すると認めるときは，利用目的以外の目的のために保有個人情報を自ら利用し，又は提供することができる。ただし，保有個人情報を利用目的以外の目的のために自ら利用し，又は提供することによって，本人又は第三者の権利利益を不当に侵害するおそれがあると認められるときは，この限りでない。
　一　本人の同意があるとき，又は本人に提供するとき。
　二　独立行政法人等が法令の定める業務の遂行に必要な限度で保有個人情報を内部で利用する場合であって，当該保有個人情報を利用することについて相当な理由のあるとき。
　三　行政機関（行政機関の保有する個人情報の保護に関する法律（平成15年法律第58号。以下「行政機関個人情報保護法」という。）第2条第1項に規定する行政機関をいう。以下同じ。），他の独立行政法人等，地方公共団体又は地方独立行政法人に保有個人情報を提供する場合において，保有個人情報の提供を受ける者が，法令の定める事務又は業務の遂行に必要な限度で提供に係る個人情報を利用し，かつ，当該個人情報を利用することについて相当な理由のあるとき。
　四　前三号に掲げる場合のほか，専ら統計の作成又は学術研究の目的のために保有個人情報を提供するとき，本人以外の者に提供することが明らかに本人の利益になるとき，その他保有個人情報を提供することについて特別の理由のあるとき。
3 　前項の規定は，保有個人情報の利用又は提供を制限する他の法令の規定の適用を妨げるものではない。
4 　独立行政法人等は，個人の権利利益を保護するため特に必要があると認めるときは，保有個人情報の利用目的以外の目的のための独立行政法人等の内部における利用を特定の役員又は職員に限

るものとする。
 (保有個人情報の提供を受ける者に対する措置要求)
第10条 独立行政法人等は，前条第2項第3号又は第4号の規定に基づき，保有個人情報を提供する場合において，必要があると認めるときは，保有個人情報の提供を受ける者に対し，提供に係る個人情報について，その利用の目的若しくは方法の制限その他必要な制限を付し，又はその漏えいの防止その他の個人情報の適切な管理のために必要な措置を講ずることを求めるものとする。

第3章　個人情報ファイル
(個人情報ファイル簿の作成及び公表)
第11条 独立行政法人等は，政令で定めるところにより，当該独立行政法人等が保有している個人情報ファイルについて，それぞれ次に掲げる事項を記載した帳簿(第3項において「個人情報ファイル簿」という。)を作成し，公表しなければならない。
一　個人情報ファイルの名称
二　当該独立行政法人等の名称及び個人情報ファイルが利用に供される事務をつかさどる組織の名称
三　個人情報ファイルの利用目的
四　個人情報ファイルに記録される項目(以下この条において「記録項目」という。)及び本人(他の個人の氏名，生年月日その他の記述等によらないで検索し得る者に限る。次項第7号において同じ。)として個人情報ファイルに記録される個人の範囲(以下この条において「記録範囲」という。)
五　個人情報ファイルに記録される個人情報(以下この条において「記録情報」という。)の収集方法
六　記録情報を当該独立行政法人等以外の者に経常的に提供する場合には，その提供先
七　次条第1項，第27条第1項又は第36条第1項の規定による請求を受理する組織の名称及び所在地

八　第27条第1項ただし書又は第36条第1項ただし書に該当するときは，その旨
九　その他政令で定める事項
2　前項の規定は，次に掲げる個人情報ファイルについては，適用しない。
一　独立行政法人等の役員若しくは職員又はこれらの職にあった者に係る個人情報ファイルであって，専らその人事，給与若しくは福利厚生に関する事項又はこれらに準ずる事項を記録するもの（独立行政法人等が行う職員の採用試験に関する個人情報ファイルを含む。）
二　専ら試験的な電子計算機処理の用に供するための個人情報ファイル
三　前項の規定による公表に係る個人情報ファイルに記録されている記録情報の全部又は一部を記録した個人情報ファイルであって，その利用目的，記録項目及び記録範囲が当該公表に係るこれらの事項の範囲内のもの
四　1年以内に消去することとなる記録情報のみを記録する個人情報ファイル
五　資料その他の物品若しくは金銭の送付又は業務上必要な連絡のために利用する記録情報を記録した個人情報ファイルであって，送付又は連絡の相手方の氏名，住所その他の送付又は連絡に必要な事項のみを記録するもの
六　役員又は職員が学術研究の用に供するためその発意に基づき作成し，又は取得する個人情報ファイルであって，記録情報を専ら当該学術研究の目的のために利用するもの
七　本人の数が政令で定める数に満たない個人情報ファイル
八　前各号に掲げる個人情報ファイルに準ずるものとして政令で定める個人情報ファイル
3　第1項の規定にかかわらず，独立行政法人等は，記録項目の一部若しくは同項第5号若しくは第6号に掲げる事項を個人情報

ファイル簿に記載し，又は個人情報ファイルを個人情報ファイル簿に掲載することにより，利用目的に係る事務又は事業の性質上，当該事務又は事業の適正な遂行に著しい支障を及ぼすおそれがあると認めるときは，その記録項目の一部若しくは事項を記載せず，又はその個人情報ファイルを個人情報ファイル簿に掲載しないことができる。

第4章　開示，訂正及び利用停止
第1節　開示

(開示請求権)

第12条　何人も，この法律の定めるところにより，独立行政法人等に対し，当該独立行政法人等の保有する自己を本人とする保有個人情報の開示を請求することができる。

2　未成年者又は成年被後見人の法定代理人は，本人に代わって前項の規定による開示の請求（以下「開示請求」という。）をすることができる。

(開示請求の手続)

第13条　開示請求は，次に掲げる事項を記載した書面（以下「開示請求書」という。）を独立行政法人等に提出してしなければならない。

一　開示請求をする者の氏名及び住所又は居所

二　開示請求に係る保有個人情報が記録されている法人文書の名称その他の開示請求に係る保有個人情報を特定するに足りる事項

2　前項の場合において，開示請求をする者は，政令で定めるところにより，開示請求に係る保有個人情報の本人であること（前条第2項の規定による開示請求にあっては，開示請求に係る保有個人情報の本人の法定代理人であること）を示す書類を提示し，又は提出しなければならない。

3　独立行政法人等は，開示請求書に形式上の不備があると認める

ときは,開示請求をした者（以下「開示請求者」という。）に対し,相当の期間を定めて,その補正を求めることができる。この場合において,独立行政法人等は,開示請求者に対し,補正の参考となる情報を提供するよう努めなければならない。

(保有個人情報の開示義務)

第14条 独立行政法人等は,開示請求があったときは,開示請求に係る保有個人情報に次の各号に掲げる情報（以下「不開示情報」という。）のいずれかが含まれている場合を除き,開示請求者に対し,当該保有個人情報を開示しなければならない。

一 開示請求者（第12条第2項の規定により未成年者又は成年被後見人の法定代理人が本人に代わって開示請求をする場合にあっては,当該本人をいう。次号及び第3号,次条第2項並びに第23条第1項において同じ。）の生命,健康,生活又は財産を害するおそれがある情報

二 開示請求者以外の個人に関する情報（事業を営む個人の当該事業に関する情報を除く。）であって,当該情報に含まれる氏名,生年月日その他の記述等により開示請求者以外の特定の個人を識別することができるもの（他の情報と照合することにより,開示請求者以外の特定の個人を識別することができることとなるものを含む。）又は開示請求者以外の特定の個人を識別することはできないが,開示することにより,なお開示請求者以外の個人の権利利益を害するおそれがあるもの。ただし,次に掲げる情報を除く。

　イ 法令の規定により又は慣行として開示請求者が知ることができ,又は知ることが予定されている情報

　ロ 人の生命,健康,生活又は財産を保護するため,開示することが必要であると認められる情報

　ハ 当該個人が公務員等（国家公務員法（昭和22年法律第120号）第2条第1項に規定する国家公務員（独立行政法人通則法第2条第2項に規定する特定独立行政法人及び日本郵政公

社の役員及び職員を除く。)，独立行政法人等の役員及び職員，地方公務員法（昭和25年法律第261号）第2条に規定する地方公務員並びに地方独立行政法人の役員及び職員をいう。）である場合において，当該情報がその職務の遂行に係る情報であるときは，当該情報のうち，当該公務員等の職及び当該職務遂行の内容に係る部分

三　法人その他の団体（国，独立行政法人等，地方公共団体及び地方独立行政法人を除く。以下この号において「法人等」という。）に関する情報又は開示請求者以外の事業を営む個人の当該事業に関する情報であって，次に掲げるもの。ただし，人の生命，健康，生活又は財産を保護するため，開示することが必要であると認められる情報を除く。

　　イ　開示することにより，当該法人等又は当該個人の権利，競争上の地位その他正当な利益を害するおそれがあるもの

　　ロ　独立行政法人等の要請を受けて，開示しないとの条件で任意に提供されたものであって，法人等又は個人における通例として開示しないこととされているものその他の当該条件を付することが当該情報の性質，当時の状況等に照らして合理的であると認められるもの

四　国の機関，独立行政法人等，地方公共団体及び地方独立行政法人の内部又は相互間における審議，検討又は協議に関する情報であって，開示することにより，率直な意見の交換若しくは意思決定の中立性が不当に損なわれるおそれ，不当に国民の間に混乱を生じさせるおそれ又は特定の者に不当に利益を与え若しくは不利益を及ぼすおそれがあるもの

五　国の機関，独立行政法人等，地方公共団体又は地方独立行政法人が行う事務又は事業に関する情報であって，開示することにより，次に掲げるおそれその他当該事務又は事業の性質上，当該事務又は事業の適正な遂行に支障を及ぼすおそれがあるもの

イ 国の安全が害されるおそれ，他国若しくは国際機関との信頼関係が損なわれるおそれ又は他国若しくは国際機関との交渉上不利益を被るおそれ

ロ 犯罪の予防，鎮圧又は捜査その他の公共の安全と秩序の維持に支障を及ぼすおそれ

ハ 監査，検査，取締り，試験又は租税の賦課若しくは徴収に係る事務に関し，正確な事実の把握を困難にするおそれ又は違法若しくは不当な行為を容易にし，若しくはその発見を困難にするおそれ

ニ 契約，交渉又は争訟に係る事務に関し，国，独立行政法人等，地方公共団体又は地方独立行政法人の財産上の利益又は当事者としての地位を不当に害するおそれ

ホ 調査研究に係る事務に関し，その公正かつ能率的な遂行を不当に阻害するおそれ

ヘ 人事管理に係る事務に関し，公正かつ円滑な人事の確保に支障を及ぼすおそれ

ト 国若しくは地方公共団体が経営する企業，独立行政法人等又は地方独立行政法人に係る事業に関し，その企業経営上の正当な利益を害するおそれ

（部分開示）

第15条 独立行政法人等は，開示請求に係る保有個人情報に不開示情報が含まれている場合において，不開示情報に該当する部分を容易に区分して除くことができるときは，開示請求者に対し，当該部分を除いた部分につき開示しなければならない。

2 開示請求に係る保有個人情報に前条第2号の情報（開示請求者以外の特定の個人を識別することができるものに限る。）が含まれている場合において，当該情報のうち，氏名，生年月日その他の開示請求者以外の特定の個人を識別することができることとなる記述等の部分を除くことにより，開示しても，開示請求者以外の個人の権利利益が害されるおそれがないと認められるときは，当

該部分を除いた部分は，同号の情報に含まれないものとみなして，前項の規定を適用する。

(裁量的開示)

第16条 独立行政法人等は，開示請求に係る保有個人情報に不開示情報が含まれている場合であっても，個人の権利利益を保護するため特に必要があると認めるときは，開示請求者に対し，当該保有個人情報を開示することができる。

(保有個人情報の存否に関する情報)

第17条 開示請求に対し，当該開示請求に係る保有個人情報が存在しているか否かを答えるだけで，不開示情報を開示することとなるときは，独立行政法人等は，当該保有個人情報の存否を明らかにしないで，当該開示請求を拒否することができる。

(開示請求に対する措置)

第18条 独立行政法人等は，開示請求に係る保有個人情報の全部又は一部を開示するときは，その旨の決定をし，開示請求者に対し，その旨，開示する保有個人情報の利用目的及び開示の実施に関し政令で定める事項を書面により通知しなければならない。ただし，第4条第2号又は第3号に該当する場合における当該利用目的については，この限りでない。

2 独立行政法人等は，開示請求に係る保有個人情報の全部を開示しないとき（前条の規定により開示請求を拒否するとき，及び開示請求に係る保有個人情報を保有していないときを含む。）は，開示をしない旨の決定をし，開示請求者に対し，その旨を書面により通知しなければならない。

(開示決定等の期限)

第19条 前条各項の決定（以下「開示決定等」という。）は，開示請求があった日から30日以内にしなければならない。ただし，第13条第3項の規定により補正を求めた場合にあっては，当該補正に要した日数は，当該期間に算入しない。

2 前項の規定にかかわらず，独立行政法人等は，事務処理上の困

難その他正当な理由があるときは，同項に規定する期間を30日以内に限り延長することができる。この場合において，独立行政法人等は，開示請求者に対し，遅滞なく，延長後の期間及び延長の理由を書面により通知しなければならない。

(開示決定等の期限の特例)

第20条 開示請求に係る保有個人情報が著しく大量であるため，開示請求があった日から60日以内にそのすべてについて開示決定等をすることにより事務の遂行に著しい支障が生ずるおそれがある場合には，前条の規定にかかわらず，独立行政法人等は，開示請求に係る保有個人情報のうちの相当の部分につき当該期間内に開示決定等をし，残りの保有個人情報については相当の期間内に開示決定等をすれば足りる。この場合において，独立行政法人等は，同条第1項に規定する期間内に，開示請求者に対し，次に掲げる事項を書面により通知しなければならない。

一　この条の規定を適用する旨及びその理由
二　残りの保有個人情報について開示決定等をする期限

第21条～第23条　（省略）

(開示の実施)

第24条 保有個人情報の開示は，当該保有個人情報が，文書又は図画に記録されているときは閲覧又は写しの交付により，電磁的記録に記録されているときはその種別，情報化の進展状況等を勘案して独立行政法人等が定める方法により行う。ただし，閲覧の方法による保有個人情報の開示にあっては，独立行政法人等は，当該保有個人情報が記録されている文書又は図画の保存に支障を生ずるおそれがあると認めるとき，その他正当な理由があるときは，その写しにより，これを行うことができる。

2　独立行政法人等は，前項の規定に基づく電磁的記録についての開示の方法に関する定めを一般の閲覧に供しなければならない。

3　開示決定に基づき保有個人情報の開示を受ける者は，政令で定めるところにより，当該開示決定をした独立行政法人等に対し，

その求める開示の実施の方法その他の政令で定める事項を申し出なければならない。
4 　前項の規定による申出は，第18条第1項に規定する通知があった日から30日以内にしなければならない。ただし，当該期間内に当該申出をすることができないことにつき正当な理由があるときは，この限りでない。

第25条〜第26条 （省略）

　　　第2節　訂正

（訂正請求権）

第27条　何人も，自己を本人とする保有個人情報（次に掲げるものに限る。第36条第1項において同じ。）の内容が事実でないと思料するときは，この法律の定めるところにより，当該保有個人情報を保有する独立行政法人等に対し，当該保有個人情報の訂正（追加又は削除を含む。以下同じ。）を請求することができる。ただし，当該保有個人情報の訂正に関して他の法律又はこれに基づく命令の規定により特別の手続が定められているときは，この限りでない。

一　開示決定に基づき開示を受けた保有個人情報
二　第22条第1項の規定により事案が移送された場合において，行政機関個人情報保護法第21条第3項に規定する開示決定に基づき開示を受けた保有個人情報
三　開示決定に係る保有個人情報であって，第25条第1項の他の法令の規定により開示を受けたもの

2 　未成年者又は成年被後見人の法定代理人は，本人に代わって前項の規定による訂正の請求（以下「訂正請求」という。）をすることができる。
3 　訂正請求は，保有個人情報の開示を受けた日から90日以内にしなければならない。

（訂正請求の手続）

第28条　訂正請求は，次に掲げる事項を記載した書面（以下「訂

正請求書」という。）を独立行政法人等に提出してしなければならない。
一　訂正請求をする者の氏名及び住所又は居所
二　訂正請求に係る保有個人情報の開示を受けた日その他当該保有個人情報を特定するに足りる事項
三　訂正請求の趣旨及び理由
2　前項の場合において，訂正請求をする者は，政令で定めるところにより，訂正請求に係る保有個人情報の本人であること（前条第2項の規定による訂正請求にあっては，訂正請求に係る保有個人情報の本人の法定代理人であること）を示す書類を提示し，又は提出しなければならない。
3　独立行政法人等は，訂正請求書に形式上の不備があると認めるときは，訂正請求をした者（以下「訂正請求者」という。）に対し，相当の期間を定めて，その補正を求めることができる。

（保有個人情報の訂正義務）

第29条　独立行政法人等は，訂正請求があった場合において，当該訂正請求に理由があると認めるときは，当該訂正請求に係る保有個人情報の利用目的の達成に必要な範囲内で，当該保有個人情報の訂正をしなければならない。

（訂正請求に対する措置）

第30条　独立行政法人等は，訂正請求に係る保有個人情報の訂正をするときは，その旨の決定をし，訂正請求者に対し，その旨を書面により通知しなければならない。
2　独立行政法人等は，訂正請求に係る保有個人情報の訂正をしないときは，その旨の決定をし，訂正請求者に対し，その旨を書面により通知しなければならない。

（訂正決定等の期限）

第31条　前条各項の決定（以下「訂正決定等」という。）は，訂正請求があった日から30日以内にしなければならない。ただし，第28条第3項の規定により補正を求めた場合にあっては，当該補正

に要した日数は，当該期間に算入しない。
2　前項の規定にかかわらず，独立行政法人等は，事務処理上の困難その他正当な理由があるときは，同項に規定する期間を30日以内に限り延長することができる。この場合において，独立行政法人等は，訂正請求者に対し，遅滞なく，延長後の期間及び延長の理由を書面により通知しなければならない。

（訂正決定等の期限の特例）

第32条　独立行政法人等は，訂正決定等に特に長期間を要すると認めるときは，前条の規定にかかわらず，相当の期間内に訂正決定等をすれば足りる。この場合において，独立行政法人等は，同条第1項に規定する期間内に，訂正請求者に対し，次に掲げる事項を書面により通知しなければならない。

一　この条の規定を適用する旨及びその理由
二　訂正決定等をする期限

第33条～第35条　（省略）

第3節　利用停止

（利用停止請求権）

第36条　何人も，自己を本人とする保有個人情報が次の各号のいずれかに該当すると思料するときは，この法律の定めるところにより，当該保有個人情報を保有する独立行政法人等に対し，当該各号に定める措置を請求することができる。ただし，当該保有個人情報の利用の停止，消去又は提供の停止（以下「利用停止」という。）に関して他の法律又はこれに基づく命令の規定により特別の手続が定められているときは，この限りでない。

一　第3条第2項の規定に違反して保有されているとき，第5条の規定に違反して取得されたものであるとき，又は第9条第1項及び第2項の規定に違反して利用されているとき　当該保有個人情報の利用の停止又は消去
二　第9条第1項及び第2項の規定に違反して提供されているとき　当該保有個人情報の提供の停止

2 未成年者又は成年被後見人の法定代理人は，本人に代わって前項の規定による利用停止の請求（以下「利用停止請求」という。）をすることができる。
3 利用停止請求は，保有個人情報の開示を受けた日から90日以内にしなければならない。

(利用停止請求の手続)

第37条 利用停止請求は，次に掲げる事項を記載した書面（以下「利用停止請求書」という。）を独立行政法人等に提出してしなければならない。
　一　利用停止請求をする者の氏名及び住所又は居所
　二　利用停止請求に係る保有個人情報の開示を受けた日その他当該保有個人情報を特定するに足りる事項
　三　利用停止請求の趣旨及び理由
2 前項の場合において，利用停止請求をする者は，政令で定めるところにより，利用停止請求に係る保有個人情報の本人であること（前条第2項の規定による利用停止請求にあっては，利用停止請求に係る保有個人情報の本人の法定代理人であること）を示す書類を提示し，又は提出しなければならない。
3 独立行政法人等は，利用停止請求書に形式上の不備があると認めるときは，利用停止請求をした者（以下「利用停止請求者」という。）に対し，相当の期間を定めて，その補正を求めることができる。

(保有個人情報の利用停止義務)

第38条 独立行政法人等は，利用停止請求があった場合において，当該利用停止請求に理由があると認めるときは，当該独立行政法人等における個人情報の適正な取扱いを確保するために必要な限度で，当該利用停止請求に係る保有個人情報の利用停止をしなければならない。ただし，当該保有個人情報の利用停止をすることにより，当該保有個人情報の利用目的に係る事務又は事業の性質上，当該事務又は事業の適正な遂行に著しい支障を及ぼすおそれ

があると認められるときは，この限りでない。
(利用停止請求に対する措置)
第39条 独立行政法人等は，利用停止請求に係る保有個人情報の利用停止をするときは，その旨の決定をし，利用停止請求者に対し，その旨を書面により通知しなければならない。
2 独立行政法人等は，利用停止請求に係る保有個人情報の利用停止をしないときは，その旨の決定をし，利用停止請求者に対し，その旨を書面により通知しなければならない。
第40条～第41条 （省略）
　　　第4節　異議申立て （省略）
第42条～第44条 （省略）

第5章　雑則
(保有個人情報の保有に関する特例)
第45条 保有個人情報（独立行政法人等の保有する情報の公開に関する法律第5条に規定する不開示情報を専ら記録する法人文書に記録されているものに限る。）のうち，まだ分類その他の整理が行われていないもので，同一の利用目的に係るものが著しく大量にあるためその中から特定の保有個人情報を検索することが著しく困難であるものは，前章（第4節を除く。）の規定の適用については，独立行政法人等に保有されていないものとみなす。
(開示請求等をしようとする者に対する情報の提供等)
第46条 独立行政法人等は，開示請求，訂正請求又は利用停止請求（以下この項において「開示請求等」という。）をしようとする者がそれぞれ容易かつ的確に開示請求等をすることができるよう，当該独立行政法人等が保有する保有個人情報の特定に資する情報の提供その他開示請求等をしようとする者の利便を考慮した適切な措置を講ずるものとする。
2 総務大臣は，この法律の円滑な運用を確保するため，総合的な案内所を整備するものとする。

(苦情処理)
第47条 独立行政法人等は，独立行政法人等における個人情報の取扱いに関する苦情の適切かつ迅速な処理に努めなければならない。

(施行の状況の公表)
第48条 総務大臣は，独立行政法人等に対し，この法律の施行の状況について報告を求めることができる。
2 　総務大臣は，毎年度，前項の報告を取りまとめ，その概要を公表するものとする。

(政令への委任)
第49条 この法律に定めるもののほか，この法律の実施のため必要な事項は，政令で定める。

　　第6章　罰則 （省略）
　　附　則 （省略）

東京都個人情報の保護に関する条例 (抜粋)

(平成 2 年 12 月 21 日条例第 113 号)

第 1 章　総則

(目的)

第 1 条　この条例は，高度情報通信社会の進展にかんがみ，実施機関における個人情報の取扱いについての基本的事項を定め，保有個人情報の開示，訂正及び利用停止を請求する権利を明らかにするとともに，民間部門における個人情報の取扱いについての東京都(以下「都」という。)の役割を定め，もって都政の適正な運営を図りつつ，個人の権利利益を保護することを目的とする。

(定義)

第 2 条　この条例において「実施機関」とは，知事，教育委員会，選挙管理委員会，人事委員会，監査委員，労働委員会，収用委員会，海区漁業調整委員会，内水面漁場管理委員会，固定資産評価審査委員会，公営企業管理者及び消防総監並びに都が設立した地方独立行政法人(地方独立行政法人法(平成 15 年法律第 118 号) 第 2 条第 1 項に規定する地方独立行政法人をいう。以下同じ。)をいう。

2　この条例(次条第 3 項及び第 8 章を除く。)において「個人情報」とは，生存する個人に関する情報であって，当該情報に含まれる氏名，生年月日その他の記述等により特定の個人を識別することができるもの(他の情報と照合することができ，それにより特定の個人を識別することができることとなるものを含む。)をいう。

3　この条例において「保有個人情報」とは，実施機関の職員(都が設立した地方独立行政法人の役員を含む。以下同じ。)が職務上作成し，又は取得した個人情報であって，当該実施機関の職員が組織的に利用するものとして，当該実施機関が保有しているものをいう。ただし，公文書に記録されているものに限る。

4　この条例において「公文書」とは，東京都情報公開条例(平成

11年東京都条例第5号。以下「情報公開条例」という。）第2条第2項に規定する公文書をいう。
5　この条例において個人情報について「本人」とは，個人情報によって識別される特定の個人をいう。
6　この条例において「事業者」とは，法人（国，独立行政法人等（独立行政法人等の保有する個人情報の保護に関する法律（平成15年法律第59号）第2条第1項に規定する独立行政法人等をいう。以下同じ。），地方公共団体及び地方独立行政法人を除く。）その他の団体（以下「法人等」という。）及び事業を営む個人をいう。

（実施機関等の責務）
第3条　実施機関は，この条例の目的を達成するため，個人情報の保護に関し必要な措置を講ずるとともに，個人情報がみだりに公にされることのないよう最大限の配慮をしなければならない。
2　実施機関の職員は，職務上知り得た個人情報をみだりに他人に知らせ，又は不当な目的に使用してはならない。その職を退いた後も同様とする。
3　知事その他の執行機関は，事業者において個人情報（個人情報の保護に関する法律（平成15年法律第57号）第2条第1項に規定する個人情報をいう。第8章において同じ。）の適正な取扱いが確保されるよう必要な措置を講ずるよう努めなければならない。

第2章　実施機関における個人情報の収集及び届出
（収集の制限）
第4条　実施機関は，個人情報を収集するときは，個人情報を取り扱う事務の目的を明確にし，当該事務の目的を達成するために必要な範囲内で，適法かつ公正な手段により収集しなければならない。
2　実施機関は，思想，信教及び信条に関する個人情報並びに社会的差別の原因となる個人情報については，収集してはならない。ただし，法令又は条例（以下「法令等」という。）に定めがある場

合及び個人情報を取り扱う事務の目的を達成するために当該個人情報が必要かつ欠くことができない場合は，この限りでない。
3 　実施機関は，個人情報を収集するときは，本人からこれを収集しなければならない。ただし，次の各号のいずれかに該当する場合は，この限りでない。
一　本人の同意があるとき。
二　法令等に定めがあるとき。
三　出版，報道等により公にされているとき。
四　個人の生命，身体又は財産の安全を守るため，緊急かつやむを得ないと認められるとき。
五　所在不明，精神上の障害による事理を弁識する能力の欠如等の事由により，本人から収集することができないとき。
六　争訟，選考，指導，相談等の事務で本人から収集したのではその目的を達成し得ないと認められるとき，又は事務の性質上本人から収集したのでは事務の適正な執行に支障が生ずると認められるとき。
七　国，独立行政法人等，他の地方公共団体若しくは地方独立行政法人（都が設立した地方独立行政法人を除く。第10条第2項第6号において同じ。）から収集することが事務の執行上やむを得ないと認められる場合又は第10条第2項各号のいずれかに該当する利用若しくは提供により収集する場合で，本人の権利利益を不当に侵害するおそれがないと認められるとき。
4 　前二項の規定は，犯罪の予防，鎮圧又は捜査，被疑者の逮捕，交通の取締りその他の公共の安全と秩序の維持に係る事務については，適用しない。

第5条〜第6条 （省略）

第3章　実施機関における個人情報の管理
（適正管理）
第7条　実施機関は，保有個人情報を取り扱う事務の目的を達成す

るため，保有個人情報を正確かつ最新の状態に保つよう努めなければならない。
2　実施機関は，保有個人情報の漏えい，滅失及びき損の防止その他の保有個人情報の適正な管理のために必要な措置を講じなければならない。
3　実施機関は，保有の必要がなくなった保有個人情報については，速やかに消去し，又はこれを記録した公文書を廃棄しなければならない。ただし，歴史的資料として保有されるものについては，この限りでない。

(委託等に伴う措置)
第8条　実施機関は，個人情報を取り扱う事務を委託しようとするとき，又は指定管理者（地方自治法（昭和22年法律第67号）第244条の2第3項に規定する指定管理者をいう。以下同じ。）に公の施設の管理を行わせるときは，個人情報の保護に関し必要な措置を講じなければならない。

(受託者等の責務)
第9条　実施機関から個人情報を取り扱う事務を受託したもの又は都の公の施設の指定管理者は，個人情報の漏えい，滅失及びき損の防止その他の個人情報の適正な管理のために必要な措置を講じなければならない。
2　前項の受託事務に従事している者若しくは従事していた者又は前項の指定管理者に係る公の施設の管理事務に従事している者若しくは従事していた者は，その事務に関して知り得た個人情報をみだりに他人に知らせ，又は不当な目的に使用してはならない。

第4章　保有個人情報の利用及び提供
(利用及び提供の制限)
第10条　実施機関は，保有個人情報を取り扱う事務の目的を超えた保有個人情報の当該実施機関内における利用及び当該実施機関以外のものへの提供（以下「目的外利用・提供」という。）をして

はならない。
2 前項の規定にかかわらず、実施機関は、次の各号のいずれかに該当する場合は、目的外利用・提供をすることができる。
一 本人の同意があるとき。
二 法令等に定めがあるとき。
三 出版、報道等により公にされているとき。
四 個人の生命、身体又は財産の安全を守るため、緊急かつやむを得ないと認められるとき。
五 専ら学術研究又は統計の作成のために利用し、又は提供する場合で、本人の権利利益を不当に侵害するおそれがないと認められるとき。
六 同一実施機関内で利用する場合又は国、独立行政法人等、他の地方公共団体、地方独立行政法人若しくは他の実施機関等に提供する場合で、事務に必要な限度で利用し、かつ、利用することに相当な理由があると認められるとき。
3 実施機関は、目的外利用・提供をするときは、本人及び第三者の権利利益を不当に侵害することがないようにしなければならない。

(外部提供の制限)
第11条 実施機関は、保有個人情報の実施機関以外のものへの提供(以下「外部提供」という。)をする場合は、外部提供を受けるものに対し、提供に係る個人情報の使用目的若しくは使用方法の制限その他の必要な制限を付し、又はその適切な取扱いについて必要な措置を講ずることを求めなければならない。
2 実施機関は、事務の執行上必要かつ適切と認められ、及び個人情報について必要な保護措置が講じられている場合を除き、通信回線による電子計算組織の結合による外部提供をしてはならない。

第5章 保有個人情報の開示、訂正及び利用停止の請求等
(省略)

第6章　救済の手続　（省略）
第7章　東京都情報公開・個人情報保護審議会　（省略）
第8章　民間部門の個人情報の保護　（省略）

第9章　雑則
(他の制度との調整等)
第30条　（略）
4　この条例は，図書館等において閲覧に供され，又は貸し出される図書，資料，刊行物等（以下「図書等」という。）に記録されている個人に関する情報と同一の個人情報（同一図書等に記録されている状態又はこれと同様の状態にあるものに限る。）については，適用しない。
(適用除外等)
第30条の2　法律の規定により行政機関の保有する個人情報の保護に関する法律（平成15年法律第58号）第4章の規定を適用しないとされている個人情報については，第5章の規定は適用しない。
第31条～第33条　（省略）

第10章　罰則　（省略）
附　則　（省略）

参考文献

　本稿の執筆にあたっては，主に以下の文献を参考にしました（順不同）。また，以下のほか『図書館雑誌』連載の「こらむ図書館の自由」における名簿・個人情報に関するものおよび『図書館雑誌』内の各種ニュース記事，および個人情報保護法をめぐる新聞各紙社説・記事を参考にしました。

1) 日本図書館協会図書館の自由委員会編『「図書館の自由に関する宣言1979改訂」解説』第2版　日本図書館協会　2004.3
2) 藤倉恵一　いまあらためて「図書館の自由」〜個人情報保護と自由宣言．図書館雑誌　99(8), 2005. p.510-511（特集「個人情報保護と図書館」）
3) 藤倉恵一　大学図書館における「個人情報保護」．大図研研究会誌　29, 2005. p.11-25
4) 新保史生　図書館と個人情報保護法．情報管理　47(12), 2005. p.818-827
5) 辰巳丈夫　個人情報保護法のキモチ．図書館雑誌　99(8), 2005 p.500-503（特集「個人情報保護と図書館」）
6) 新保史生　図書館における個人情報保護とプライバシー保護の区別と対応のあり方．図書館雑誌　99(8), 2005. p.504-506（特集「個人情報保護と図書館」）
7) 岡村久道著『個人情報保護の知識』日本経済新聞社　2005.2（日経文庫）
8) 個人情報保護基本法制研究会編；三上明輝（ほか）著『Q&A個人情報保護法』第3版　有斐閣　2005.2（ジュリストブックス）
9) 園部逸夫編集，藤原靜雄，個人情報保護法制研究会著『個人情

報保護法の解説』改訂版　ぎょうせい　2005.2
10) 堀部政男監修；鈴木正朝著『個人情報保護法とコンプライアンス・プログラム：個人情報保護法とJIS Q 15001:1999』商事法務　2004.11
11) 岡村久道,鈴木正朝著『これだけは知っておきたい個人情報保護』日本経済新聞社　2005.1
12) 岡村久道,鈴木正朝著『Q&A こんな時どうする？　個人情報保護』日本経済新聞社　2005.4
13) 個人情報保護法と図書館資料の扱い（図書館界ニュース）『JLAメールマガジン』251　http://www.jla.or.jp/archives/251.txt　2005.4.20（アクセス：2005.11.30）

おわりに

　本書の企画がもちあがったのは2005年5月末〜6月初旬のことでした。「はじめに」にも書いた名簿をめぐる新聞報道の影響で，名簿類など資料の提供を制限する館がある，という話をいくつか耳にしていた時期のことです。

　その頃のわたしは『図書館雑誌』6月号の「こらむ図書館の自由」を書き終え，8月号の特集記事を執筆している途中でした。そういう「行きがかり」からわたしの担当ということになったのだと思いますが，そこからが苦闘のはじまりでした。

　なにしろ法律の専門家でもなければ自由委員会に参加してまだ2年，私立大学の図書館員ゆえ公共図書館や学校図書館の事情にも明るくなく，なによりまだ図書館員としての経験も浅いわたしです。講演の講師で全国を駆け巡ったり，雑誌記事や論文を立て続けに書いたりというのもはじめての経験でした。そんな不肖の身ですから，「図書館サービスの現場における個人情報取り扱いのあれやこれや」を一冊にまとめる機会をいただけたことは，光栄であると同時に大きなプレッシャーでもありました。

　いっぽう，「はじめに」で感じていたわたしの当初の不安は保護法制に関する資料を読み込んだり，自由宣言との整合性を検証したりする過程で徐々に解消されていきました。本書の出版が正式に決まった頃は，わたしの中で図書館が「慌

てる」要素はどんどん減っていき，本書でわざわざまとめる意義はあるのかな……などとも考えた時期でもありました（実際，用意していたほとんどすべての原稿を入稿前の1か月半で書き直すことになりました）。

しかしそれでも「まだ迷っている図書館のために」という周囲の力強い後押しもあって，なんとか書き上げることができました。

最後になりますが，本書を執筆するにあたって多くの方のご協力，助言を賜りました。

筑波大学大学院図書館情報メディア研究科の新保史生先生には，参考文献に挙げた論文だけでなく，ご一緒させていただいた講演の折に明快な説明と大きなヒントをいただきました。日本図書館協会図書館の自由委員会委員の方々からは数多くの貴重なご意見やご指摘をいただきました。

文教大学越谷図書館の職員たち，特に三瓶良男館長補佐には多大なる業務上の配慮と励ましの言葉をいただきました。そして，図書館に携わる友人たちからは，弱気な筆者の愚痴の相手や叱咤激励に至るまで，数多くの有形無形のお力添えをいただきました。

それらのご厚情に感謝の意を表したいと思います。

事項索引

*本文中の事項，法律名等を五十音順に配列しました。
*参照は「→」（を見よ）で表示しました。

【あ行】

ILL ……………………… 10,40,42,76
ID ……………………… 16,37,45,46,82
アクセス ……………… 33,49,78,79,83
宛先管理 ………………………… 56,57
アルバイト ……………………… 49,88
委託 … 17,18,49,70,74,75,77,80,81,87
インハウス情報 …………………… 72
ウイルス ………………… 80,81,82,84
お知らせ（図書館からの）…… 9,31,56
落し物 ………………………………… 31
OPAC ……………………………… 21,23
オンライン・レファレンス ……… 41

【か行】

学生証 ……………………………… 32,48
貸出期限票（レシート）………… 35
貸出カード（利用者証）………… 32
貸出記録
　… 32,35,36,50,36,37,39,40,48,49,81
監視カメラ　→防犯カメラ
寄贈 ………… 25,60,61,62,63,64,69
急病の発生 ………………………… 31

「行政機関の保有する個人情報の
　保護に関する法律」……………… 15
業務委託 ……………………… 49,70,87
業務用端末 …………………………… 83
掲示 … 10,18,44,45,46,56,58,59,76,89
刑事訴訟法 …………………………… 50
研修 ……………………………… 87,88
憲法　→日本国憲法
行動記録 ……………………………… 39
購入希望 ………………………… 42,43,66
広報 ……………………………………… 52
個人情報 ……………………………… 15,16
「個人情報の保護に関する法律」
　………………… 8,14,22,25,39,49,50,67
個人情報保護条例 ………………… 14
個人情報保護方針（ポリシー）
　……………………………… 32,58,85,86
個人データ ……………………… 15,16,22

【さ行】

撮影 ………………………… 38,52,53,59
サーバ ………………………………… 80,81
システム担当 ………………………… 78

事項索引………145

事前同意	54,56
自動貸出機	35
写真	54
従業者の監督	48,73
住民基本カード（住基カード）	32,48
住民基本台帳	8,34,48
守秘義務	49,74,81
照会	34,50,51
紹介状	10,42
書店	24,60,66,67,72,73
資料相談	9,28
資料提供の制限	60,64
資料の到着通知	44,59
知る自由	11,25,26,58,61,86
人権	25,50,61,62,64
シンクライアント	84
相互協力	10,40,41

【た行】

第三者提供	10,17,39,42,52,53,67,68,76
多読	54,55,73
帳票	33,35,40,42,43,76,79
著作権法	41,42
適用除外	22,23,25,60,68
データ処分	76,77
データ保管	76
統計	22,36,41,73,77
到着通知	31,44,45
登録申請	30
読書記録	19,48,50,58

読書事実	19,49,75,86
督促	31,32,44,45,47
「独立行政法人等が保有する個人情報の保護に関する法律」	14,22
図書委員	36,47,49,75,88
図書カード	36
図書館システム	9,10,18,30,33,34,37,74,79,80,81,83,84
「図書館の自由に関する宣言」	10,18-20,24-25,39,49,58,61,64

【な行】

内部管理体制（コンプライアンス・プログラム）	86
日本国憲法第35条	50,51
日本目録規則	68
入退館	31,32,37,39,48,51

【は行】

発注者情報	66
犯罪捜査	50,51
プライバシーマーク	75
文献複写	41,42,44
防犯カメラ	18,37,38,39,51,59
芳名帳	38
ホームページ	41,54,55,56,86
ボランティア	49,70,88

【ま行】

名簿	21,34,62,63

メール ················· 9,16,17,18,21,41,
　　44,45,52,56,57,76
メールアドレス ·········· 9,16,18,21,56,57
メモリ ····························17,83
目録 ······················21,22,60,65,68

【や行】

予約 ······················31,42,43,44,45

【ら行】

リクエスト ················19,31,42,44,46,66
利用案内 ··························32,58,86
利用記録 ················37,48,51,58,77,82
利用事実 ······················19,50,51,86
利用者証 ································32
利用者情報 ··········18,20,30,31,32,33,
　　34,35,37,42,46,48,49,50,56,59,74,78,
　　79,80,85,87,89
利用者データ ········9,10,30,33,34,37,76
利用者データベース
　　················· 33,37,56,74,76,78,81
利用者登録 ······························32
利用者の秘密 ········10,11,19,20,28,36,
　　37,39,41,43,49,50,51,54,55,58,86
利用者用端末 ····························82
利用目的 ············10,30,31,32,33,34,
　　38,52,53,55,59,66
令状 ·················19,36,39,49,50,51
レファレンス ··············19,28,40,41,43
レファレンスインタビュー ·················40
ログ ·································51,82

事項索引 ········ 147

著者紹介

藤倉　恵一（ふじくら　けいいち）

文教大学越谷図書館司書
1973 年 11 月生まれ。
学歴および職歴
　　1996 年 3 月　　　東洋大学社会学部応用社会学科卒業
　　1997 年 4 月　　　学校法人文教大学学園職員（司書職）
　　　　　　　　　　越谷校舎図書館に配属
　　　　　　　　　　（現在に至る）

主な委員等
　　2003 年 7 月〜　　日本図書館協会図書館の自由委員会委員
　　2001 年 4 月〜　　私立大学図書館協会ホームページ委員
　　2004 年 4 月〜　　私立大学図書館協会東地区部会研究部
　　　　　　　　　　分類研究分科会代表
　　　　　　　　　　ほか研究集会等実行委員

> 視覚障害者その他活字のままではこの本を利用できない人のために，日本図書館協会及び著者に届け出る事を条件に音声訳（録音図書）及び拡大写本，電子図書（パソコンなど利用して読む図書）の製作を認めます。但し，営利を目的とする場合は除きます。

EYE LOVE EYE

◆JLA 図書館実践シリーズ 3
図書館のための個人情報保護ガイドブック

2006 年 3 月 20 日　　初版第 1 刷発行 ©

定価：本体 1600 円（税別）

著　者：藤倉恵一
監　修：日本図書館協会図書館の自由委員会
発行者：社団法人　日本図書館協会
　　　　〒104-0033　東京都中央区新川1-11-14
　　　　Tel 03-3523-0811(代)　Fax 03-3523-0841
デザイン：笠井亞子
印刷所：アベイズム㈱　　Printed in Japan
JLA200544　　ISBN4-8204-0529-2
本文の用紙は中性紙を使用しています。

JLA 図書館実践シリーズ　刊行にあたって

　日本図書館協会出版委員会が「図書館員選書」を企画して20年あまりが経過した。図書館学研究の入門と図書館現場での実践の手引きとして，図書館関係者の座右の書を目指して刊行されてきた。

　しかし，新世紀を迎え数年を経た現在，本格的な情報化社会の到来をはじめとして，大きく社会が変化するとともに，図書館に求められるサービスも新たな展開を必要としている。市民の求める新たな要求に対応していくために，従来の枠に納まらない新たな理論構築と，先進的な図書館の実践成果を踏まえた，利用者と図書館員のための出版物が待たれている。

　そこで，新シリーズとして，「JLA図書館実践シリーズ」をスタートさせることとなった。図書館の発展と変化する時代に即応しつつ，図書館をより一層市民のものとしていくためのシリーズ企画であり，図書館にかかわり意欲的に研究，実践を積み重ねている人々の力が出版事業に生かされることを望みたい。

　また，新世紀の図書館学への導入の書として，一般利用者の図書館利用に資する書として，図書館員の仕事の創意や疑問に答えうる書として，図書館にかかわる内外の人々に支持されていくことを切望するものである。

2004 年 7 月 20 日

日本図書館協会出版委員会

委員長　松島　茂